thomas schlager-weidinger   offene morgen

thomas
schlager-
weidinger

offene morgen

theopoetische
texte zur
fasten- und
osterzeit

echter

welterobernde zärtlichkeit

...
wenn unsere
theologische sprache
die sprache
überhaupt
gott in jesus christus
eine unterkunft
gibt
dann muß diese
sprachliche unterkunft
gott
und den menschen
in der schwebe halten
dann muß
diese sprachliche
unterkunft
ein zärtlich-armes
wort sein
zärtlichkeit
und armut
liegen nahe
beieinander

die theologische sprache
muß
in eine neue logik
treten
in die theopoetische
logik
der armen zärtlichkeit
in die zärtliche
sparsamkeit
von bethlehem
die leibwerdung gottes
und die gottwerdung
des menschen
kann nicht
in theologischer
bronze
oder in
theologischem marmor
zärtlich
zu wort kommen
...

Wilhelm Willms

Wilhelm Willms, welterobernde zärtlichkeit,
aus: ders., alle nächte werden hell
© 1991 Butzon & Bercker GmbH, Kevelaer,
S. 110ff, www.bube.de

Inhaltsverzeichnis

Fastenzeit

dies cinerum — 14
aschermittwoch — 15
starkes schwächezeichen — 16
aschenspuren — 17
heute — 18
ars vivendi — 19
was bleibt — 20
aschenweg — 21
schlechter scherz — 22
imprägniert — 23
teilen — 24
langsam — 25
wechsel — 26
metanoia — 27
fasten_zeit — 28
blickwechsel — 29
fastenschritte — 30
überlebenschance — 31
fastenvorsatz — 32
eiszeit — 33
fast(en)zeit — 34
(auf)gabe — 35
reboot — 36
passionsimpulse — 37
fastenübung — 38
wort_fasten — 39
fasten_handlungen — 40
fastenopfer — 41
gedanken_frei — 42
einkehr — 43
(ver)suche — 44
(ver)klärung — 46
(ver)treiben — 48

(ver)lust — 50
(ver)geben — 52
experientia dei — 54

Karwoche

besatzungsmacht — 58
nullbock — 59
rufmord — 60
impuls — 62
flüchtlingspassion — 63
paradoxa — 64
wesentlich — 65
einfach genial — 66
einfach mal — 67
communio — 68
beim letzten abendmahl — 69
brot_wecken — 70
wandlung — 71
gefährlich — 72
hingabe — 73
dritter weg — 74
unfassbar — 76
ruhig stellen — 77
abermals — 78
zugespitzt — 79
subtiler widerstand — 80
passion — 81
schöner tod — 82
ecce lignum crucis — 83
im letzten augenblick — 84
allerlei gedanken unterm kreuz — 85
ecce homo — 86
kreuzperspektive — 88

angebot — 89
es ist vollbracht — 90
role model — 91
kreuzabnahme — 92
ruhe geben — 93

Osterzeit

ostergeheimnis — 96
osterlicht — 97
erleuchtung — 98
ostersprache — 99
todsicher? — 100
oster(all)tag — 101
auf(er)stehen — 102
ihr könnt mich mal — 104
christessenz — 105
osterwunsch — 106
mysterium — 107
ostern — 108
vergessener osterbrauch — 109
osternunacen — 110
emmauserfahrungen — 111
nachricht des engels … — 112
wiaggli wissn? — 114
didymos — 115

Pfingsten

pfingsterkenntnis — 118
hybrid — 119
er-kenntnis — 120
pfingstdiagnose — 121
gutmensch — 122
lampedusa — 123
sprachverwirrung — 124
wirklichkeitskultur — 125
werteverlust — 126
wertevermittlung — 128
überfällig — 129
obergrenze — 130
erflehte intervention — 132
je ne suis pas charlie — 135
pfingstgeburt 2012 — 136
wanted — 137
nazarener — 138
lethal weapons — 140
fides qua — 141
precationes — 142
angelus custos — 143
in_between — 144
morgentau — 146

Fastenzeit

dies cinerum*

die kraft der asche
heute und morgen
gestreut
auf unsere stirne
in unsere herzen

als düngemittel
gegen das kahle

als scheuermittel
gegen das matte

und als kreuz
gegen die angst

*„Tag der Asche" – lat. Bezeichnung
für den Aschermittwoch

aschermittwoch

lasst uns
auch heuer

entzünden
unsere gleichgültigkeit

entflammen
unsere lieblosigkeit

verbrennen
unsere gehässigkeit

und mit der asche
unsere leben segnen

sodass
achtsamkeit wächst

zuneigung sich entfaltet
güte gedeiht

und mit diesen
eine bessere welt

starkes schwächezeichen

vorbei die zeit der larven
nicht mehr verstecken
oder beschönigen auch

endlich offen zeigen
was lange schon
in unsere seelen gebrannt:

das leiden am verloschenen feuer
die trauer um den verschwundenen glanz
das vermissen einstiger wärme

unsere häupter bekreuzigt mit asche
gesegnet so wie wir sind
gestärkt mit dem dünger keimenden lebens

aschenspuren

von fernen himmeln
regnen aschenmeere:
verstrahlt
wo leben war einmal

aus tiefen öfen
rieseln aschenberge:
verbrannt
was leben war einmal

aus weiten armen
keimen aschenkreuze:
verdichtet
woraus leben wird einmal

heute

wieder
um einen tag
näher dem tod

habe ich
genug wolken
vom himmel geschaut

dich
mit haut und haar
inhaliert

und euch
meine liebe
gezeigt

heute?

um einen tag wieder
näher dem tod

ars vivendi
(eine Aschermittwocherkenntnis)

ein segen
wäre es
so zu leben
als würden wir
morgen sterben
und übermorgen
auferstehen

doch wir leben
als ob es
keinen tod gibt
und sterben
als ob
danach kein leben

was bleibt
(für R. und meine 3)

was bleibt
von mir
wenn ich
nicht mehr bin?

erinnerungen
die nach fünfzig jahren
erlöschen

ein haus
das nach hundert jahren
zerfällt

bücher
die nach zweihundert jahren
vergessen

meine liebe
die selbst nach tausend jahren
noch eure namen singt

aschenweg

im angesicht der asche
bietet sich wieder die chance
in den kommenden tagen
die weichen zu lösen
um auf verwachsenen wegen
lang vermisste ziele
zu erreichen

schlechter scherz
(Aschermittwoch-Kater)

die komik endet nicht
mit dem heutigen tag

während millionen
ziellos hungern

können wir uns
das fasten leisten

ein schlechter scherz
auf fremde kosten

imprägniert

der regen
macht uns
nicht mehr nass:
das fremde leid
berührt uns nicht

mit nano bleiben
unsere sinne überzogen
und weggesprayt wird
was zu tief geht

ob vierzig tage genügen
um die schicht zu lösen
und um wieder
die tropfen zu spüren
bis weit unter die haut?

teilen

selbstverständlich teilen
mantel und brot
auch ein paar münzen
wie einst seine jünger:
von oben nach unten
und alles ist gut?

gegebenenfalls teilen
tränen und wut
auch die hoffnung
auf ein gerechteres morgen
wie einst die propheten:
von unten nach oben
und alles ist gut?

endlich teilen
träume und mut
auch die bereitschaft
für den kampf
riskierend das eigene leben
wie einst der gesalbte:
auf gleicher augenhöhe
und alles wird gut!

langsam

langsam wird es zeit
langsam zu werden
mit dem verbrauchen
was wir nicht brauchen

und endlich aufhören
auf die zu hören
die uns beständig
unbeständiges verkaufen
selbst vom ende der welt
um so selbst das ende der welt
in kauf zu nehmen

können wir es uns leisten
uns all das leisten zu können
was wir nur noch mit sorgen
unaufhaltsam entsorgen
und auf kosten jener produzieren
die fast ohne kosten produzieren?
teuer wird uns das kommen
was wir jetzt so billig kaufen

langsam wird es zeit
langsam zu werden
mit dem verbrauchen
was wir nicht brauchen

wechsel

lassen wir ruhig
das fasten
den fitnesscentern
und wellnessoasen:
verzicht und körperheil
sind für christen
wenig bedeutsam

das verändern
steht an
in der kommenden zeit:

das zerreißen verkrusteter herzen
das lösen der fesseln des unrechts
und das entfernen der stricke des jochs

metanoia*

zu lange schon sind wir gehorsam
perfekt adaptiert
in die irre
und auf den leim gegangen
den selbstverstoßenen hirnen
und dem platten boulevard:

denken was man denken muss
leben wie man leben muss
zwischen rendite und vergnügen
gehen wir stolz zugrunde
mit der welt und ihren geschöpfen
ausgebeutet und geschunden

als ausweg
verkündet der liebhaber des lebens
die abkehr vom plausiblen
aus zu engen winkeln
die umkehr des denkens
in unbekannte tiefen
und die hinkehr des herzens
zum unergründbaren grund

*Im NT findet sich für *Buße* das griechische Wort
metanoia (μετάνοια, von νοεῖν/noein: „denken" und
μετά/meta: „um" oder „nach"), wörtlich also etwa:
„Umdenken, Sinnesänderung, Umkehr des Denkens".
Erst in der lateinischen Übersetzung *paenitentia* erhält
es die unbiblische Bedeutung im Sinn einer von außen
auferlegten Strafe oder Wiedergutmachung.

fasten_zeit

innehalten
im immerso
und schauen
die schatten
im stakkato
verwehender zeit

lösen
den schlaf
der das pulsierende
in stein gehüllt

bis die träume
wieder entdeckt
die augenblicke
befreit

blickwechsel
(nicht nur ein Fastenimpuls)

an unserem
eingebrannten blick
gehen wir
mit der welt zugrunde:

bewundern
das scheinbar nützlich schöne
und missachten
das abgeschrieben schwache

neu sehen müssen wir
mit seinen augen
und wir erfassen den wandel
das heil:

aus dem blickwinkel
eines verachteten
eines leidenden
und liquidierten

dann erst
bemerken wir
dass das wahrhaft große
sich beugt

vor dem glanz im schwachen
vor der würde im niedrigen
und vor einem gott
der mit den seinen im abseits wohnt

fastenschritte

genau beobachten
in diesen vierzig tagen
woran das herz sich wirklich stillt

besonders beachten auch
die lautlosen geheimnisse
des augenblicks

speziell bewachen
was scheinbar nutzlos
und ausgeliefert dem kalkül

unbedingt festhalten
an dem
was menschen zusammenhält

vertrauensvoll festmachen
an der verborgenen
quelle des lebens

und immer wieder fixieren
den erlöser am balken
verwundeter seelen

Das Tätigkeitswort „fasten" leitet sich vom Adjektiv „fest" ab. Im gotischen „pasta" bedeutet es zunächst soviel wie „(fest)halten, beobachten, bewachen"; auch im englischen „to fasten" findet sich die Bedeutung von: "befestigen, festmachen, festbinden" wieder.

überlebenschance

wie oft
verengt
angst
die herzen
unser wollen
unser sollen

sieben wochen zeit
um sie wieder zu weiten
am unsichtbaren atem
und groß zu werden
für das bekannte
unbekannte

fastenvorsatz

solange will ich wieder
meine seele füttern
bis ihr flügel wachsen
um mich emporzuheben
aus der enge ins licht

eiszeit

vierzig tage zeit
um unsere gefrorenen seelen
aufzutauen

schön langsam
bis sie am ostermorgen
wieder richtig im saft

fast(en)zeit

fast entschleunigt
fast reduziert
fast solidarisch
fast spirituell
fast entfaltet
fast gelebt

(auf)gabe
(nicht nur in der Fastenzeit)

er
so groß um klein zu werden
so stark um schwach zu werden
so bei sich um für andere da zu sein

wir
klein werden um so groß zu sein
schwach werden um so stark zu sein
für andere da sein um so bei uns zu sein

reboot

zu voll
sind unsere festplatten

zu viele programme
laufen parallel

zu fragmentiert
ist unser leben:

wir haben
die kontrolle verloren
und die absturzgefahr
ist ganz real

nützen wir doch
die vierzig tage
servicezeit

um unser leben
zu defragmentieren

den überblick
zu gewinnen

um wieder neu zu starten
und hoch zu fahren

passionsimpulse

heute schon gelebt
und so richtig
aufgeatmet oder durchgeschnauft
mit leib und seele
auch gelacht?

sieben wochen zeit
zum verändern
sieben wochen
leidenschaft:

endlich sich dem zuwenden
was sonst verpönt

endlich sich dem hingeben
was begeistert

endlich sich dem ausliefern
was erfüllt

fastenübung

aufgerieben und gekränkt
wo mein ich sich icht

verletzt von blicken
getroffen von worten
und der wucht des gegenübers

zwischen ohnmacht und wut
scheitere ich ruhelos
im verdammen
im verfluchen

finde frieden
im verzeihen nur
atme ruhig und lache wieder

mehr als siebzig mal
vergebt auch mir

wort_fasten

nicht mehr
gott
lasst uns sagen:
zu klein ist der begriff
zu schwer ist das wort
zu leicht stolpert es über die lippen

nicht mehr
wahrheit
lasst uns sagen:
zu abgegriffen ist ihr glanz
zu blutig die eindeutigkeit
zu einfach für ein menschenleben

nicht mehr
du sollst
lasst uns sagen:
zu hart ist der aufschlag
zu einseitig das gewicht
zu schnell für die liebe
die wir nicht verstehen
weil sie uns grenzenlos übersteigt

nicht mehr
liebe
lasst uns sagen ...

fasten_handlungen
(ein Entwicklungsprojekt)

lange wird es dauern
vierzig tage vielleicht
vierzig jahre mitunter

bis sich
die krallenden finger lockern
die geballten fäuste öffnen
die offenen hände reichen

lange wird es dauern
vierzig tage vielleicht
vierzig jahre mitunter

bis sich
die absicherung löst
das misstrauen schwindet
und die zärtlichkeit kommt

fastenopfer

auf sechs worte
lasst uns
in diesen sechs wochen
verzichten:

ächten wir das *aber*
fürchten wir das *falsch*
ignorieren wir das *immer*
jenseitigen wir das *jeder*
meiden wir das *müssen*
widerstehen wir dem *wahr*

und nach diesen
kargen tagen
wird uns
das leben
wieder blühen

gedanken_frei

gerade angesichts
von ostern
sollten wir uns
vor jenen hüten
die wissen
wie der hase läuft

vor dem großen staunen
sieben wochen zeit
zum selber denken

zum dahinterschauen
und suchen

jenseits
der alten verstecke

einkehr

wuchtig
wölben sich
die ablagerungen
des alltags
über meinem
vibrierenden kern

hermetisch
versperren sie mich
mir selbst
unterdrücken die funken
halten mich träge
unterdrücken die kraft

doch
mit dem wegbereiter
durchdringe ich die patina

erleichtert kehre ich
bei mir ein

erkenne den fremden
in mir

brenne wieder
und singe mein lied

(ver)suche
(zu Mt 4,1–11//1. Fastensonntag)

am scheideweg seines lebens
am wendepunkt der welt
sucht er die stille
zieht sich zurück

vierzig tage und vierzig nächte
setzt er sich der wüste aus
prüft durch hitze und stürme
was letztlich ihn nährt:

verzichtet so
auf das handfeste brot
auf das bisschen leben auch
zwischen aufstehen und schlafen:
der gott des vollen bauches
macht nur träge aber satt doch nicht
und verloren geht das leben
das man unbedingt gewinnen will

ja vierzig tage und vierzig nächte
setzt er sich der ödnis aus
prüft durch einsamkeit und kargheit
was letztlich ihn trägt:

widersteht so
dem frommen wunsch
sich einfach fallen zu lassen
und dem bisschen leben
zwischen unmündigkeit und passivität:
der gott des banalen
macht abhängig und trägt doch nicht
denn dem der nachfolgt
droht das kreuz

ja vierzig tage und vierzig nächte
setzt er sich dem ödland aus
prüft durch sein ausgeliefertsein
was letztlich ihn schützt:

misstraut
den kampfparolen
den siegesschreien auch
und dem bisschen leben
auf kosten anderer:
der gott geballter fäuste
macht heiß und wärmt doch nicht
aber selig sind jene
die barmherzig und ohne gewalt

am scheideweg seines lebens
am wendepunkt der welt
kehrt er zurück in das treiben
geht zu den menschen
verkündet die sorglosigkeit
des täglichen brotes
geht konsequent seinen weg
jenseits der angst
und wiegt sich
in der bergenden gegenwart
eines liebenden gottes
wartend in der wüste

(ver)klärung
(zu Mt 17,1–9//2. Fastensonntag)

viel zu schnell
vergangen die tage
seit du dem jordan entstiegen
und den menschen
den vatergott und sich selbst
so nahe gebracht

vorbei die zeit des lachens
der leichte schwung
des großen aufbruchs
der gegenwind durchfurcht
dich hart

im drohenden leid
im nahen tod
suchst du nun wieder
was dich trägt

ausgesetzt
auf dem berge des herzens
der welt entrückt
dem himmel nah
ergreift dich sein licht
und du siehst klar
die ziele die dich leiten
und jene zwei
die sie einst wagten:

moses von freiheit erfüllt
der die ketten durchbrach
den aufbruch wagte
tiefste wasser durchschritt
und wege ging
die unbegehbar schienen

und elias auch
der leidenschaftlich
gegen jene kräfte kämpfte
die menschen besetzen
und den aufstand wagte
gegen mächte
die als unbezwingbar galten

die füße noch auf der erde
die stirn schon in den sternen
hörst du schließlich
woran sich deine seele nährt

bereit nun
nach jerusalem zu gehen
der angst zu widerstehen
der umklammerung zu trotzen
aus menschen menschen zu machen
und aus der erde einen himmel

(ver)treiben
(zu Joh 2,13–25//3. Fastensonntag)

in den dörfern galiläas
triffst du auf menschen
die erstickt beinah
und leblos sind
schon fast ein ganzes leben

die gefesselt kauern
in gehorsam und erstarren
vor einem gott
der zum herrscher stilisiert
gefürchtet und gemieden

zornig trittst du dem entgegen
brichst gebote selbst in synagogen:
der sabbat dient den menschen
die vom vatergott zur freiheit bestimmt
verkündest du und lebst danach

menschensohn du provozierst
und verärgerst jene
die gut vom rechten glauben leben
geachtet bewundert
gefördert von vielen

und auch hier im zentrum der macht
wo die fäden zusammenlaufen
der kopf des ganzen residiert
wo all die gesetze und regeln gesetzt:
in jerusalem packt dich wieder die wut

drehst dir eine peitsche
schlägst beherzt zu
treibst aus deinem vaterhaus
was nichts zu tun hat
mit einem liebenden gott

die herrherrschreier
wetzen ihre feinen messer
und reiben ihre sauberen hände
doch du lässt dich nicht vertreiben
gehst deinen weg

(ver)lust
(zu Lk 15,11–32//4. Fastensonntag)

zu dir rabbi
kommen die verzweifelten und entrechteten
die weder glauben noch hoffen können
weil sie sich wertlos fühlen und verloren
wie das hundertste schaf von dem du erzählst

rechtfertigen willst du dein handeln
verständnis wecken auch für einen gütigen gott
und für jene die zerbrochen sind
am leblosen leben
und an seinen selbstgefälligen jüngern
vor sündern und den allzufrommen
erhebst du wieder deine stimme

so darfst du doch nicht reden vor denen
auf deren lippen die gebote gottes
und sätze aus heiligen schriften fließen
deren herzen erfüllt sind
von paragraphen uralter gesetze
und die das richtige und gerechte
gleichsam inhalieren

du kannst doch den nicht loben
der das alte und den alten in frage stellt
der gegen anstand und stitte verstößt
und wissen wirklich nur die huren und zöllner
wie gott tatsächlich ist?

ist nicht zurecht zornig der ältere sohn:
kein gesetz hat er übertreten
keine pflicht hat er vergessen
zuverlässig und gehorsam
rechtschaffend ein leben lang

umkehr ist möglich
sprichst du
zu den immer-gerechten
und stets-richtigen:

offen ist das haus
für euch und den älteren sohn
der doch wie ihr
immer schon
vom vater geliebt

(ver)geben
(zu Joh 8,1–11//5. Fastensonntag)

im morgengrauen
am tempelberg
triffst du
auf die bestie ohne fell:
den mengenmenschen
gnadenlos

sie jagen dich
und die frau vor sich her
am ende ist dann
keiner schuld
keiner hat gemordet:
du verendest in der falle
und tot ist die frau

in die enge getrieben
bleibst du unheimlich ruhig
suchst im sand
was dich leitet
verwischst das gesetz
bis die meute
wieder drängt

da löst du
mit einem satz nur
die masse auf
und den einzelnen heraus
gibst verantwortung
denen zurück
die ihre gesichter
wieder gefunden

die steine
fallen aus den händen
ein großes wunder
ist vollbracht

experientia dei*
(zu Joh 11,1–45//5. Fastensonntag)

gott zu erfahren
so verdeutlichst du dem nikodemus
ist wie neugeboren zu werden:
scheuklappen fallen
und die seele atmet frei

gott zu erfahren
so zeigst du dem blinden
ist wie das öffnen der augen
nach endloser nacht:
aussichtsloses schwindet
und ein neuer blick tut sich auf

gott zu erfahren
so bekundest du dem jaïrus
ist wie das aufstehen
aus der erstarrung:
hilflose wut verweht
und das totgeglaubte
regt sich unverhofft

gott zu erfahren
so vermittelst du dem lazarus
ist wie ein heraustreten
aus den kerkerwänden
der grabeshöhle:
angst flaut ab
und an boden gewinnt
das verlorene leben

gott zu erfahren
so offenbarst du uns
ist viel mehr
als bloß eine sache
für den kopf
unser tiefstes wird ergriffen
wachgerüttelt hier und jetzt
für den offenen himmel

* lat. Gotteserfahrung

Karwoche

besatzungsmacht

hosanna
rufen sie
und schwenken zweige
gegen das joch

zu recht fordern sie
befreiung
von denen

die auf befehle
setzen

die mit gewalt
die kleinste freiheitsregung
unterdrücken

die das widerstrebende
töten
und das eigenständige
besetzen

irgendwie
muss es im lärm
untergegangen sein
dass er nicht die römer meinte
als er von befreiung sprach

nullbock
(eine Palmeselvariante)

alles schon gehört
alles schon gesehen
alles schon erlebt

nichts versäumt
nichts vertan
nichts verspielt

der esel gähnt
der esel ist kurz angebunden
der esel steht nur herum

alles versäumt
alles vertan
alles verspielt

hätte er
mich alten esel
nicht geholt

rufmord

die gemeinsame sehnsucht
lässt die zahlreichen münder
so unterschiedlich vieles rufen
als er einzieht in davids stadt

die einen bejubeln den
der vom joch der besatzer befreit

die anderen rühmen den
der frieden bringt ohne gewalt

diese hier preisen den
der die macht des tempels bricht

und jene da empfangen freudig den
der heilung bringt von angst und schmerz

und der da auf einem esel reitet
blickt fragend in ihre gesichter
bewusst dass er wieder nicht
alle erwartungen erfüllen kann
und will
und widerstand sich regen wird
wie in galiläa
nach diesem viel zu glatten beginn

nicht dass gott
alle wünsche erfüllt
verkündete er doch
aber da ist
und stärkt
beim aufbau
seines reiches
nach dem sich sehnen
nicht nur jene
die hier rufen
und winken

impuls

der davon überzeugt ist
dass kuh und bärin sich anfreunden
der wolf beim lamm wohnt
der panther beim böcklein liegt
und kalb und löwe zusammen weiden

reitet auf einem esel
in die stadt der entscheidung
um so der bestie mensch
näher zu kommen
und dem verlorenen leben

doch die hordentiere
werden wieder toben
und töten das lamm
dessen blut zur saat wird für viele
die seitdem unbeirrt auf eseln reiten

flüchtlingspassion
(ein Klagelied im Jahr 2016)

aufgeschreckt
begrüßt die masse
wohlmeinend
die menschensöhne
auf der flucht
in unseren städten
wie einstmals ihn
in jerusalem

hochgeschreckt
beäugen wir sie dann
wohlwissend
als verdächtige
in unseren straßen
wie einstmals ihn
in jerusalem

verschreckt
fordern wir schließlich
wohlbekannt
das ende
der volksschädlinge
wie einstmals bei ihm
in jerusalem

erschreckt
bemerken wir zu spät
wohlweislich
das ausmaß
unseres tuns
wie einstmals
in jerusalem
berlin und wien

paradoxa
(ein Passionspostulat)

der starke schwache
die glückliche schuld
die mächtige ohnmacht
die siegreiche niederlage
das unmögliche mögliche
die barmherzige gerechtigkeit
die gegenwärtige verborgenheit
des dreieinen einzigen
menschgewordenen gottes

und bei uns immer noch
das entweder oder

ganz schön beschränkt

wesentlich

mitten im blühenden leben
riechst du den tod
dir plötzlich unheimlich nah

einmal noch willst du
das leben fassen:
hoffend darauf
dass deine kraft
auch morgen noch hält

und im würgegriff des todes
willst du sein
wie sonst im leben
als es noch unzählige morgen gab:
getragen von einem vertrauen
dass der angst das tanzen lehrt

das korn muss sterben
damit es brot wird
denkst du
beim letzten mahl mit deinen freunden

dann nimmst du das volle
preist den der immer zugegen
brichst es bedächtig entzwei
und reichst dich
als gabe gegen den tod

einfach genial

kein hipes branding
kein stylishes logo
kein extravagantes design

wählte er als zeichen
an dem man die seinen
selbst nach zweitausend jahren
noch erkennt

brot und wein
teilte er
gibt sich selbst darin
als anregung und stärkung

genial einfach
einfach genial

einfach mal

noch deutlicher
als bei diesem letzten mahl
konnte er sein vermächtnis
nicht kundtun:

einfach nur teilen
einfach nur dienen

aber wir
verstehen es einfach nicht
wollen es einfach nicht
können es einfach nicht:

und füße sind dann nicht mehr füße
und brot ist nicht mehr brot

communio

festgenommen wurde wieder
der ewig junge träumer
weil er im juni 2007
aufs neue das brot brach
mit den attac aktivisten
beim g8gipfel in heiligendamm

und weil er es wagte
im oktober 2011
nicht nur den wein zu teilen
mit den occupy campern
vor der ezb in frankfurt am main

der ewig junge realist
kann und will es
einfach nicht begreifen
dass immer noch mit der angst
das geld die welt regiert
und die zukunft derer raubt
für die sein herz seit jeher schlägt

auch in diesem jahr
weiß der menschensohn
wohin er sein haupt
legen wird
das brot ist gebacken
und der wein ist bereitet

beim letzten abendmahl

als der mond
so voll war
dass er nicht mehr nehmen
sondern nur noch geben konnte

teilte er
wie er immer teilte
auch beim letzten mahl
mit seinen freunden

sich selbt
gewürzt
mit einer brise ewigkeit
lindernd und stärkend zugleich

zur nachahmung des segens
uns gereicht
mit dem becher
voll wein

brot_wecken

das brot von morgen
ist nicht unser brot
es sättigt nicht
und weckt die gier

das brot von gestern
ist nicht unser brot
es liegt schwer im magen
und weckt illusionen

das brot von heute
ist unser tägliches brot
es stillt die sehnsucht
und weckt neuen mut

wandlung

aufgehoben
in dieser mahlzeit
das zeitmal
auf unser aller stirn

und zum himmel
wird werden
die erde

wenn wir verwandelt
von einsam
in gemeinsam

zum teilen bereit

gefährlich
(zu Mk 10,35–45 und Mt 20,16)

groß sind
die eingetaucht ins leiden
ihren platz finden
an den füßen
schmutzig und wund
mit lappen in den händen
und deren blicke mild
in schmerzen liegen

voll werden
die hinteren plätze
und in der ersten reihe
atmen die letzten entspannt

das kalte spiel
der hierarchien
endet mit dem
der dienend sich
aus dem unendlichen beugt

hochdekoriert
löchern wir dennoch
rechtgläubig den heiland
mit den ängstlichen fragen
der donnersöhne
und überhören
seinen widerspruch
aufs neue

hingabe

aus leidenschaft für das volle leben
gibt er sich den menschen hin
gefühlsstark und wortreich

aus leidenschaft für das heile leben
gibt er sich den menschen hin
heilmächtig und vergebungsfähig

aus leidenschaft für das konsequente leben
gibt er sich den menschen hin
kompromisslos und todesmutig

aus leidenschaft für das alltägliche leben
gibt er sich den menschen hin
weinselig und brotgestaltig

dritter weg

nicht allmacht
nicht ohnmacht
sondern vollmacht
motivierte sein denken
fand sich in seinen worten
und bestimmte sein handeln

so ließ er sich gefangen nehmen
lief nicht davon
als die zeit gekommen war
und blieb dennoch frei

er erduldete
ihre falschen anschuldigungen
in einem fragwürdigen prozess
und war ihnen dennoch
in seinem schweigen überlegen

er ertrug ihre demütigungen
während haft und folter
und bewahrte dennoch seine würde

er wich ihren schlägen nicht aus
und erwischte dennoch
den einen oder anderen
mit seinen treffenden fragen

und schließlich begab er sich
voll macht
in die ohnmacht des kreuzes

blieb so
seinem gott
sich selbst auch treu
und seiner botschaft
von der kraft
der linken wange

unfassbar

bevor auf golgotha
sein körper durchbohrt
schrie seine seele
in gethsemane

nicht zu fassen
der unbändige hass
der ihm entgegenschlug
weil er zu offen entlarvte

weit breitete er danach
seine arme aus am kreuz
um seine feinde zu fassen
um zukunft zu begreifen

ruhig stellen

endgültig ruhig stellen
wollen sie ihn

weil er den weg
aus den zwangsjacken zeigt

zum tanzen ermutigt
inmitten einer welt
abgezählter schritte

und weil er immer wieder
die himmelssprache
dem vergessen entreißt
zauberworte aus der anderen welt

mundtot wollen sie
ihn machen

heut und morgen
zur abschreckung
ans kreuz ihn hängen

abermals
(eine Anregung aus Mk 14,30.72)

wenn sie abermals
nur an ihre eigenen vorteile denken
kenne ich ihn nicht
und wieder kräht ein hahn danach

wenn sie abermals
über randständige herziehen
kenne ich ihn nicht
und wieder kräht ein hahn danach

wenn sie abermals
den alten neuen weg* belächeln
kenne ich ihn nicht
und wieder kräht ein hahn danach

wenn es abermals
auf mich ankommt
kann ich mich nicht darauf ausreden
dass kein hahn mehr danach kräht

*„Der Weg" bzw. „der neue Weg" ist
nach der Apostelgeschichte die frühe
Bezeichnung für das Christentum.

zugespitzt*

als sich die lage
zugespitzt hat
verdichtet sich
wie und was er
bisher gelebt:

aufrecht
widersteht er
den mächtigen
selbst vor gericht
und erniedrigt sich
vor denen
die seiner zuwendung
bedürfen

lasst uns ihm folgen
und niemals vor
immer aber für
menschen
uns beugen

---

*Vgl. Joh 13,1–17; 18,12–19,16a:
Fußwaschung und Jesus vor
Hannas und Pilatus

subtiler widerstand
(zu Mt 27,31 par.)

entblößt
bis auf die nackte existenz:
der kleider beraubt
dem spott ausgesetzt
der lächerlichkeit preisgegeben

doch nicht demütigen
konnten sie ihn letztlich
weil er immer schon
demütig gewesen war

nicht bloßstellen
konnten sie ihn letztlich
weil er sich immer schon
die blöße gegeben hatte

nicht brechen
konnten sie ihn letztlich
weil er immer schon
auch weich gewesen war

nicht umwerfen
konnten sie ihn letztlich
weil er immer schon
halt gefunden hatte

passion

seine leidenschaft
für unser aller gutes leben:

zieht ihn an die seite derer
die im schatten hausen

weckt seine worte gegen jene
die eine bessere welt verhindern

bringt ihn ans kreuz
das leiden schafft

aus leidenschaft
für unser aller gutes leben

bezwingt er den tod
bringt er die hoffnung

und gibt der gerechtigkeit
seine beharrliche stimme

schöner tod*

abgeklärt wird er sein
der tod eines weisen
und lehrers

vornehm wird er sein
der abgang eines weltenrichters
und menschheitserlösers

einzigartig wird es sein
das hinscheiden eines königs
und gottessohnes

doch der hier am balken röchelt
verhöhnt und verlacht

krepiert einsam
und zitternd vor angst

mit einem schrei
der widerhallt

auf schlachtfeldern und schafotten
in intensivstationen und slums
auf der straße oder im bett

einfach vulgär

*griechisch ‚Euthanasie': εὐθανασία, von eu~:
gut, richtig, leicht, schön; und thánatos: der Tod

ecce lignum crucis*

nicht zu klein denken
den größten:
er kann nicht beleidigt werden

nicht zu gering denken
den ehrwürdigen:
er bedarf keiner sühne

nicht zu schwach denken
den mächtigen:
er braucht keine opfer

der sich erniedrigt
und auf der seite
der geknechteten steht
weicht nicht der gewalt

festnageln lässt er sich
auf ein uraltes ja
ermutigt dadurch
zum durchhalten im kampf
gegen das unmenschliche
menschlicher macht:

so nimmt das heil gestalt an
und das tote holz
bleibt blutverschmiert

*aus der Karfreitagsliturgie: *Ecce lignum crucis, in quo salus mundi pependit* (Seht das Holz des Kreuzes, an dem das Heil der Welt gehangen).
Im NT gibt es zahlreiche Deutungen des Kreuzestodes Christi; dieser Text bezieht sich auf Mk 10,42–45.

im letzten augenblick

bis auf einen
alle jünger weg
die anhänger verschwunden
nur noch ein paar frauen
unterm kreuz
und neben ihm
der eine schächer
treu im letzten augenblick
sein vertrauen so groß
wie du es immer wolltest

abgeurteilt wie du selbst
verhöhnt und verspottet
bespieen und verflucht
ans kreuz geschlagen
glaubt er dennoch
an die kraft deiner güte
an die möglichkeit
der vergebung
an den platz
im paradies

gerade für jene
die alles verspielt

allerlei gedanken unterm kreuz

einen leichteren tod
gönne ich ihm schon
dem reumütigen schächer
an deiner seite

aber seine bösen gewohnheiten
seine lasterhaften triebe
seine unmenschliche rohheit
der schmutz und die gewöhnlichkeit
verschwinden doch nicht einfach
durch ein bisschen guten willen
und eine kurze galgenreue

nicht einmal in dieser situation
kannst du schweigen
nimmst den mund zu voll
versprichst was unmöglich
recht muss doch recht bleiben

ausgeschlossen dass ein solcher
so schnell ins paradies gelangt
wie die büßer und die lang geläuterten
wie die seligen und heiligen

wundern darfst du dich also nicht
dass du dort gelandet bist
wo du jetzt zappelst

auch sonst
suchtest du doch jene
die gefallen und am rand

selber schuld

warum vergibst du mir?

ecce homo

wir wissen nicht
wie der gefangene
im stammlager auschwitz hieß
namen hatten keine bedeutung

einen schwarzen punkt trug er
zur nummer auf jacke und hose
gebrandmarkt als verfluchter
der strafkompanie

den entkräftetsten
unter den gequälten
erwählten am 3. april
dem karfreitag im jahr 1942
die schergen des todes
und hievten ihn
auf ein holzgestell

einen spaten
drückten sie ihm
in die linke hand
dem zepter gleich
und auf sein haupt
pressten sie eine krone
geformt aus stacheldraht

unter dem gespött und gelächter
der ss männer und kapos
zog die prozession der geschundenen
durch das lagertor
am küchenblock vorbei
die galgen im blick
zum appellplatz hinüber

wir wissen nicht
wie der gefangene
im stammlager auschwitz hieß
doch sein gesicht ist uns bekannt

es gleicht
dem gefolterten rabbi aus nazareth
ausgesetzt der banalen bestie
mensch

Mit dem Hinweis *Ecce homo (Siehe, der Mensch)* stellt Pilatus dem Volk den gefolterten, in purpurnes Gewand gekleideten und mit einer Dornenkrone gekrönten Gefangenen Jesus vor (Joh 19,5). Die jüdische Führung fordert daraufhin Jesu Kreuzigung.

Der polnische Maler, Zeichner und Widerstandskämpfer *Władysław Siwek* (1907–1983) fertigte während seiner Haft im Konzentrationslager Auschwitz 1 heimlich mehr als 2000 Zeichnungen an, darunter auch die im Gedicht beschriebene „Rückkehr der Häftlinge aus der Strafkompanie".

kreuzperspektive

dass und wie
am kreuz
er durchgehalten
nährt die hoffnung

dass hinter der aussichtslosigkeit
die zuversicht sich findet

hinter der kraftlosigkeit
eine stärkende hand

und hinter der haltlosigkeit
eine zuverlässige stütze

angebot

wenn alles andere zerbröckelt
die angst zu groß
die schuld zu mächtig
und die hoffnung zu leicht wird

bleibt sein kreuz
als haken im leeren
gestählt von
seinen schmerzen
seinen schreien
und seinem
unbezwingbaren vertrauen

es ist vollbracht

standgehalten dein vertrauen
durchgehalten dein leiden
aufrechterhalten deine hoffnung

in diesem augenblick
ist tod leben
und die niederlage ein sieg

seither vermögen menschen
auszuhalten bis zum bitteren ende
gehalten von dir

role model

täglich werden
so viele kreuze getragen
und jeder von uns ist gefragt
welche rolle er einnimmt dabei:

mitweinend wie die frauen am rand
beistehend wie die beiden marien
unterstützend wie simon von cyrene
mitfühlend wie veronika
abwesend wie seine apostel

kreuzabnahme

behutsam und bewusst
lasst uns
das kreuz
aus den klassen
aus den gerichten
aus den banken
aus den rathäusern
aus den ämtern
aus den kirchen
nehmen

damit es endlich
der gewohnheit entrissen
und dem banalen entzogen wird
und so wieder
die mächtigen verstört
die gleichgültigkeit bedroht
und zum gewaltlosen rufzeichen
der ohnmächtigen und schwachen
werden kann

ruhe geben
(zum Karsamstag)

nicht einmal
einen tag lang
können wir dich
in ruhe lassen

stille und leere
ängstigen uns

viel zu schnell
ertönen wieder die lieder
und geschäftiges treiben
verhindert den blick
auf die sanfte bewegung
sich öffnender gräber

Osterzeit

ostergeheimnis

zu tief
die nacht

zu weit
der morgen

zu schwach
die augen

zu flach
die vernunft

dämmert
es nicht?

osterlicht

am frühen licht
des ostermorgens

schlägt der hoffnung
in der aussichtslosigkeit
ein funke

nährt sich die wärme
in der einsamkeit

entzündet sich erleuchtung
in der ratlosigkeit

ein glühen
verschenkt sich
im dunkel der nacht

erleuchtung

hätte es dich
nicht gegeben
dunkler wäre die welt

das niedrige und schwache
würden weiter übersehen

das friedfertige und gewaltlose
hätten keine perspektiven

das selbstlose und menschliche
blieben ohne konturen

du christus
erwärmst unsere leben
erleuchtest die welt
mit dem morgenrot
des ostermorgens

ostersprache

am morgen
des dritten tages
im tiefen geheimnis
des leeren grabes
verschlug es
denen die kamen
die sprache
und allen fehlten
plötzlich die worte

erst abseits
des großen staunens
redeten sie wieder

wir auch
viel zu viel

todsicher?

todsicher

die unumstößlichkeit
unserer hochglanzwahrheiten

die endglültigkeit
unseres todes

die belanglosigkeit
unserer hoffnung

doch seit seiner auferstehung
gibt es keinen verlass mehr
auf das todsichere
immer wieder
hoch und heilig beschworen

mit ostern
ist etwas anders geworden

unsere erkenntnisse
haben ein ablaufdatum

das leben
endet nicht mehr
mit dem tod

und die längst
begrabene hoffnung
erweckt das lachen wieder

oster(all)tag

wenn sorgen
dich zu boden drücken
dann schau auf den
der die angst ertrug
und hab teil
an seiner auferstehung

wenn schmerzen
dich zu boden drücken
dann schau auf den
der qualen durchlitt
und hab teil
an seiner auferstehung

wenn aussichtslosigkeit
dich zu boden drückt
dann schau auf den
der ein todsicheres
ende überwand
und hab teil
an seiner auferstehung

mitten im november
kann es dann geschehen
dass der frühling dir blüht
und staunend dich
wieder atmen lässt

auf(er)stehen

durch dich
mit dir
aufstehen
gegen alle wände
die menschen
voneinander trennen:
ostern ist lieben
weit über grenzen hinaus

durch dich
mit dir
aufstehen
gegen die ordnung
dieser welt:
ostern ist handeln
weit über gepflogenheiten hinaus

durch dich
mit dir
aufstehen
gegen das bloß
und immer so
gedachte:
ostern ist denken
weit übers denken hinaus

durch dich
mit dir
aufstehen gegen den tod
und seine schwester
die angst:
ostern ist leben
weit über endgültigkeiten hinaus

durch dich
mit dir
auferstehen

ihr könnt mich mal
(ein Ostergedicht)

ihr könnt mich mal

dort suchen

wo der schmerz geheilt
wo die schuld vergeben
wo der neid erledigt
wo die angst besiegt
wo der tod entmachtet

ihr könnt mich mal

der gekreuzigte lebt

christessenz

so bei sich
so bei gott
dass er
unendliches
geben kann

teilen und lieben
auf teufel komm raus
so dass
verkrümmtes heilt
verkümmertes wächst
herzen und hände
sich öffnen

so bei sich
so bei gott
so beim nächsten
dass er
sich selbst
geben kann

im brot
am kreuz
als morgenrot

osterwunsch

von herzen
lass uns wieder
steine fallen

weggewälzt
von deinen engeln
am höhepunkt
der nacht

mysterium

am quellgrund der tränen
wo die natur versagt
vermag die liebe
das unausweichliche vergehen
dem stets hungrigen schlund
zu entreißen

und seit der gekreuzigte lebt
liegen wir quer mit ihm
zum aufstoßen bereit
im entsetzlich
zersetzlichen magen
eines allzufetten todes

ostern
(für R.)

zeit der liebeslieder
die sich nähren
an der verborgenen quelle
ersehnter augenblicke
die sich widernünftig
bis ins unendliche strecken

immer wird mich
dein ja umarmen
und lösen
aus der kalten faust
des todes

**vergessener
osterbrauch**

eingeladen
das stets gut versteckte
bunte vielfältige
und spannende leben
aufs neue zu suchen

geschenkt von dem
in dessen spuren
die ewigkeit
verborgen ist

osternuancen

ostern trotz leid
leid trotz ostern
trotz ostern leid
ostern trotzt leid

emmauserfahrungen

keine wissenschaftliche erklärung
und kein theologischer traktat
sondern die erfahrung tiefer begegnungen
finden sich in den heiligen schriften
um zu verdeutlichen was auferstehung meint

den hirnen entzogen
den herzen geschenkt

**nachricht des engels
am leeren grab
2000 jahre danach**

ihr christen
der gekreuzigte lebt
und eure häupter
schmückt immer noch
asche

ihr christen
der gekreuzigte lebt
und euer gottvertrauen
zappelt immer noch
auf golgotha

ihr christen
der gekreuzigte lebt
und euer blick
reicht immer noch
bis zum grabe bloß

ihr christen
der gekreuzigte lebt
und die angst
zwingt euch immer noch
in die knie

ihr christen
der gekreuzigte lebt
schmückt euer haar
hebt die köpfe
lacht in die welt
und lebt so intensiv
bis sich am kreuz
die balken
verbiegen

wiaggli wissn?*

waunsas wiaggli wissn woiz   wos gscheng is
nocham aunogin und eigeh am hoiz
weads eich wundan miassn   weu wia bled
wiaggli wissn   kinmas   ned

*Fortsetzung von Ernst Jandls *waunsas wissn woiz*
Übersetzung:
wenn ihr wirklich wissen wollt   was geschehen ist
nachdem er ans holz genagelt worden und verendet ist
werdet ihr euch wundern müssen   weil – wie blöd –
wirklich wissen   können wir es   nicht

didymos*

wir können es nicht fassen:
zu groß sind die fragen
zu klein unser erkennen

und der zweifel bleibt
der gleichberechtigte
zwillingsbruder des glaubens

begreifen können wir nur
wenn der verborgene sich öffnet
und seine nähe uns zeigt

*Der Name des Apostel Thomas leitet sich
aus dem Aramäischen ab: *ta'am*, was *gepaart*
oder *Zwilling* bedeutet. Deshalb wird Thomas
im NT auch Didymos (δίδυμος) genannt.

Pfingstzeit

pfingsterkenntnis

die welt
ist nicht so
wie sie ist

ein mächtiger sturm
drehte sie einst
auf den kopf
und sein geist
stellt seit dem
das übliche und normale
in frage und macht
das unmögliche möglich

doch wir sind
nicht verrückt genug
und die welt
ist so
wie sie ist

hybrid

immer noch
wollen wir allerhaben
türme bauen
bis zum himmel

immer noch
wollen wir allmächtig
reiche bilden
in denen die sonne nicht untergeht

immer noch
wollen wir allgegenwärtig
wirtschaftsräume formen
die an keine grenzen gebunden

immer noch
wollen wir allerheiligst
kirchen gründen
die urbi et orbi beglücken

immer noch
wollen wir nicht kapieren
dass wir dadurch
einander nicht verstehen

und als verstreute einsam irren
in dieser grenzenlos entgrenzten welt
bis der den wir vom himmel stießen
seinen geist uns wieder schenkt

er-kenntnis

er redete
mit der samariterin
am brunnen

er lobte
den hauptmann
von kafarnaum

er würdigte
die sünderin
welche seine füße salbte

er ehrte
den zöllner
mit seinem besuch

er berührte
unreine
mit händen und worten

er adelte
randständige
durch seine gegenwart

er missachtete
selbst uralte
regeln und gebote

er ist
der messias
und wir kirche bloß

pfingstdiagnose

wegen
ja trotz
der kriege
brauchen wir endlich
den belächelten traum
von einer welt
in der gerechtigkeit und friede
sich küssen
die auf die alten hört
und den jungen vertraut

wegen
ja trotz
der alltäglichen konflikte
brauchen wir dringend
die verschmähte vision
dass menschen einander
in aller verschiedenheit
verstehen
und unmögliches
doch wahr werden kann

armselig wäre die welt
gäben wir uns
zufrieden mit dem
wie sie ist

die asche glüht noch
und beharrlich weht
die brise

gutmensch

weil ich
von der unbedingten würde
jedes menschen
überzeugt bin
nennt ihr mich gutmensch

weil ich
jeden respektvoll
behandeln will
nennt ihr mich gutmensch

weil für mich
ein menschenleben
mehr zählt
als gesetze oder bilanzen
nennt ihr mich gutmensch

weil ich
an die kraft
von visionen glaube
nennt ihr mich gutmensch

weil ich mich
für eine gerechtere welt
einsetze
nennt ihr mich gutmensch

zuviel der ehre für mich
warum tut ihr das
und wie soll ich euch nennen?

Der Begriff Gutmensch wurde zum
deutschen Unwort des Jahres 2015 gewählt.

lampedusa

insel der tränen
geformt aus gleichgültigkeit

an unserer feste
zerschellen menschen
ohne zukunft
auf der flucht

aber wir nahmen ihnen doch das brot
und brachten die dürre

jetzt geizen wir mit anstand
und schlagen politisches kleingeld

es bleibt das kainsmal
auf unseren stirnen

schande europas

Am 3.10.2013 kenterte vor der Küste Lampedusas
ein Schiff mit über 500 afrikanischen Flüchtlingen, nur
155 von ihnen überlebten. Politiker aller Länder zeigten sich schockiert. Dabei waren die Fakten hinlänglich
bekannt: Knapp 2/3 aller „illegalen" Einreisen in die EU
erfolgten über den Seeweg, zumeist in völlig überfüllten,
nicht hochseetauglichen Booten. Papst Franziskus, der
bereits im Juli 2013 Lampedusa besucht hatte, fand
dafür das treffende Wort: „Schande", da die EU nicht
nur die Toten an seinen Stränden ignorierte, sondern
diese Menschenopfer in Kauf nahm, um die Migrationsflüsse einzudämmen. Zwischen 2011 und 2015 kamen
nach Schätzungen von Hilfsorganisationen mehr als
9000 Boatpeople vor Lampedusa ums Leben.

sprachverwirrung

sie sagen asylanten
und meinen schmarotzer

sie sagen menschen
und meinen landsleute

sie sagen grenzmanagement
und meinen abriegelung

sie sagen mindestsicherung
und meinen aushungern

sie sagen kultur
und meinen rasse

sie sagen gutmensch
und meinen idiot

sie sagen christlich
und meinen national

und wir hören
immer noch schlecht

und meinen gar nichts
wieder einmal

wirklichkeitskultur*

wirklich populistisch
wirklich zynisch
wirklich inhuman
wirklich unchristlich
wirklich provinziell
wirklich nationalistisch
wirklich realitätsfremd
wirklich nicht zu fassen

*„*Wir sind in einer Wirklichkeitskultur angelangt und von einer Willkommenskultur weg.*" (so der österreichische christlich-soziale Vizekanzler Reinhold Mitterlehner im Ö1-Morgenjournal am 18.2.2016)
**„*Jemand, der Mauern anstelle von Brücken bauen will, ist kein Christ.*" (so Papst Franziskus am 18.2.2016 zum republikanischen Präsidentschaftskandidaten Donald Trump bezüglich dessen Pläne, eine Mauer an der mexikanischen Grenze zu errichten)

werteverlust

wieder gekommen
die zeit
der falschen propheten
der herrherrschreier
der worteundherzenverdreher
die das heilige
den hunden und schweinen
achtlos als futter vorwerfen

haben nicht jene
welche die christlichen
werte beschwören
auf den christus zu hören
und auf den zu schauen
der den mächtigen
zum opfer fiel?

gerechtigkeit fordert
der gefährte der schwachen
und ein maß
genährt am zuviel
groß genug
um sich klein zu machen
bereit selbst
eine zweite meile mitzugehen
und das letzte hemd
zu geben auch

beharrlich sanft
lebt der magier
der linken wange
friede kräftig vor
wird nicht müde
vor den heuchlern
zu warnen
die nach splittern stöbern
in fremden augen
und doch blind sind
für die eigenen balken

wertevermittlung

hochgezogene zäune
enggeschnürte kontingente
reduzierte unterstützung
gebeugtes recht

enthemmte facebookkommentare
tendenziöse zeitungsartikel
eindeutige wahlkampfslogans
mangelnde anteilnahme

alltäglicher generalverdacht
rassistische parolen
gewaltsame übergriffe
brennende unterkünfte:

migrantinnen und migranten
haben sich anzupassen
und das zu übernehmen
was bei uns so üblich ist

2016 wird in der Republik Österreich als auch
im Bundesland Oberösterreich von christlich-sozialen
PolitikerInnen ein verpflichtender Werte-Unterricht
für MigrantInnen konzipiert und eingefordert.

überfällig
(migrationspädagogische
kompetenzen)

verlernen
was mehr-
und wirheit
als norm(al)
vorgegeben

desintegrieren
aus erwünschten
und zugeteilten
rastern

*übersehen und
hochachten zugleich*
andere(s)
fremde(s)
den kostbaren
unterschied

wahrnehmen
den konkreten
menschen
hinter dem
aktenvermerk
migrant

obergrenze

die obergrenze ist erreicht
bei der verweigerung konkreten denkens
über die folgen politischen handelns:
wer quoten bestimmt und grenzen zementiert
muss auch schüsse befehlen

die obergrenze ist erreicht
bei der erzeugung von hysterie
welche die kultur
des gepflegten diskurses (z)ersetzt:
wenn hysteriker reden
gibt es keine lösungen mehr
nur noch kalkül

die obergrenze ist erreicht
bei der alltäglichen reproduktion
rassistischer vorurteile
die aussehen
nationalität und religion gleichsetzt
mit mangel und verbrechen

die obergrenze ist erreicht
bei der grundhaltung
die lange schon den eigennutz
ins zentrum stellt und darum meint
arbeitsplätze
sozialleistungen und eigentum
verteidigen zu müssen

die obergrenze ist erreicht
bei der relativierung von menschenrechten
flüchtlingskonvention und nächstenliebe:
die würde jedes menschen ist unantastbar
und menschen fliehen aus angst
vor zukunftslosigkeit und krieg

die obergrenze ist erreicht
bei der abgestumpftheit
gegenüber fremdem leid
und dem täglichen tod im mittelmeer
an den grenzen europas

die obergrenze ist erreicht
und der andrang der flüchtlinge
das geringere problem

Am 20.1.2016 legte die österreichische
Regierung eine Asylwerber-Obergrenze
von 30.750 für 2016 fest, die bis 2019
auf 25.000 Asylwerber pro Jahr reduziert
werden soll.

erflehte intervention

ganz schön verarscht
fühlt sich der messias
und die schnauze
hat er voll
von den orbans
seehofers und mikl-leitners

eine geißel aus stricken
so der heiland
wird er sich
wohl wieder drehen müssen
und in die parteizentralen
derer stürzen
die seinen namen
und seine botschaft missbrauchen

schafft das hier weg
wird der erlöser ihnen entgegenschreien
und all die reden und programme
verordnungen und gesetze
zu boden werfen
und zerstampfen

wagt nicht noch einmal
so der christus
eure kürzungen von mindestsicherungen
eure obergrenzen und zäune
eure vorurteile und unterstellungen
eure pflichtenkataloge
und immer wieder
euer schüren von ängsten vor denen
die auf der flucht sind
mit meinem namen
in verbindung zu bringen

seid ihr taub
blöd oder böse
wird der weltenrichter sie fragen
weil sie seine worte
überhören
verdrehen
oder gar nicht kennen vielleicht

mein programm
so der wanderprediger aus nazareth
ist immer noch nächstenliebe
mitleid und barmherzigkeit
sind mein gebot

und ihr
ihr verweigert
selbst den schwächsten
eure hilfe
suhlt euch in eurem eigenen vorteil
igelt euch ein
in zynischer hartherzigkeit

wütend
wird der sohn gottes
schließlich seine spraydose hervorholen
und beim rausgehen
gut sichtbar
sein tag*
auf die fassade setzen:

mt 25_40**

* Signatur eines Sprayers
** Mt 25,40: „*Was ihr für einen meiner geringsten Brüder getan habt, das habt ihr mir getan.*"

je ne suis pas charlie

schweigen muss ich
weil mir die sprache fehlt
in dieser aufgeheizten zeit:
so bedroht was mir wertvoll

schweigen möchte ich
weil parolen zu laut gegrölt
in dieser gehässigen zeit:
so weit aufgerissen die gräben

schweigen werde ich
weil geschwätzigkeit dominiert
in dieser geschäftigen zeit:
so leer unsere seelen

schweigen will ich
mit vielen von euch
damit unsere stille
die kälte umfängt
in dieser törichten zeit

Am 7.1.2015 fand ein islamistisch motivierter Anschlag auf die Redaktion der Satirezeitschrift Charlie Hebdo in Paris statt, bei dem 11 Personen getötet und mehrere verletzt wurden. Weltweit gingen Menschen nach Bekanntwerden des Anschlags spontan auf die Straße, viele trugen Plakate mit der Solidaritätsbekundung „Je suis Charlie" („Ich bin Charlie"). Der Hass auf *den* Islam wurde durch die Ereignisse enorm angeheizt. Noch in der Nacht vom 7. auf den 8.1. wurden in Paris eine Moschee und ein Gebetsraum mit Handfeuerwaffen beschossen. Innerhalb der folgenden 2 Wochen kam es zu mindestens 33 Attacken auf islamische Einrichtungen und jede Menge Angriffe gegen Personen. Kritisiert wurde zudem die eurozentristische Sichtweise: sind tote Franzosen mehr zu beachten als die zahlreichen Opfer islamistischer Anschläge in den Ländern des Nahen Ostens?

pfingstgeburt 2012

es gibt keine alternative
predigte die eiserne lady
anfangs der 80er jahre
und der texaner nickte heftig dazu

das träumen ist seitdem verboten
und funktionieren die heilige pflicht
standardisiert und vermessen
eingebläut in lernfabriken

wenn ihr uns das träumen verbietet
so 2012 auf einem transparent
bei einer demonstration
gegen das sparpaket in madrid

rauben wir euch den schlaf
den verordneten
produktiven
bruder des todes

der geist weht
denke ich mir
mensch und welt können vielleicht
doch noch genesen

wanted

eine halbe million dollar

für den kopf
der zu weit denkt

für die augen
die zu genau schauen

für den mund
der zu unerschrocken spricht

eine halbe million dollar

für das herz
das zu links schlägt

für die hände
die zu kräftig zupacken

für die seele
die zu unverfroren am evangelium sich nährt

eine halbe million dollar

für das leben von dom erwin kräutler
bischof der entrechteten von xingú
der es wagt am amazonas
dem nazarener ähnlich zu sein

Erwin Kräutler ist römisch-katholischer Ordensgeistlicher, Missionar und seit 1980 Bischof von Xingú/Brasilien. Sein Engagement für die landlosen Indios, Zuckerrohrpflanzer und sein Widerstand gegen das Staudammprojekt Belo Monte sowie seine Anzeigen gegen einflussreiche Personen in Altamira wegen sexuellen Missbrauchs von Kindern und Kinderprostitution führten zu ständigen Morddrohungen und Attentaten. 2010 wurde er mit dem alternativen Nobelpreis ausgezeichnet.

nazarener

nazarener
lehre mich
deinen atheismus gegenüber
einem dressierten gott:

>forme meine lippen
>damit ich mit dir
>jene verfluche
>die immer noch
>in heiligen stätten
>den lebendigen verwalten
>und sich an opfern ergötzen
>forme meine fäuste herr
>damit ich mir dir
>die gottesvermarkter vertreibe
>und ihre kassen zerschlage

>*die zeit des tempels ist vorbei!*

nazarener
lehre mich
deinen atheismus gegenüber
einem magischen gott:

>öffne meine ohren
>damit ich selbst deine verlassenheit
>am kreuz nicht überhöre
>und auch nicht das weinen
>in elendsvierteln
>krankenzimmern und auf sterbebetten

>*die zeit der wünsche ist vorbei!*

nazarener
lehre mich
deinen atheismus gegenüber
einem fertigen gott:

    weite meine hirn- und herzwindungen
    damit ich das große geheimnis
    nicht in zu kleine begriffe
    oder in zu enge traditionen stopfe
    und ihm nicht die zwangsjacke
    eines rechtssystem überstülpe

    die zeit des dogmas ist vorbei!

nazarener
lehre mich
deinen glauben an
deinen ganz anderen gott:

    ohnmächtig
    mitleidend
    töricht
    so ferne
    und doch so nah

    angebrochen ist die zeit der geduld

lethal weapons
(vier tödliche waffen)

glauben sie mir
so wird der herr einst
am ende der tage sagen
nicht nietzsche und feuerbach
marx oder freud
vermochten die religion zu töten

vier andere viel mächtigere waffen aber
gezückt von meinen allzufrommen
so wird der herr einst
beim großen gericht sprechen
schwächten das große
brachten das wertvolle zu fall

der herr und mit ihm paulus
augustinus auch der aquinate sowieso
erschraken gemeinsam mit den geistvollen
über die
zu selbstverständlich gewordenen
banalisiserungen und simplifizierungen
trivialisierungen und emotionalisierungen
in kirchen und schulen
bildern und texten

nur über tiefen kann man schwimmen
wird der herr einst sagen
am ende der tage
und im seichten geht ihr unter
und mein geheimnis mit euch

fides qua*

die straßen
liegen hinter mir

mein weg
ist wiese geworden

barfuß betrete ich
heiligen boden

gerüstet wieder
für den marsch
am heißen asphalt

*Mit dem „*Glauben, der geglaubt wird*" *(fides quae creditur)* sind konkrete Glaubensinhalte, bestimmte Glaubenssätze gemeint, die das Fundament der christlichen Lehre darstellen und von Generation zu Generation tradiert werden. Komplementär dazu sprechen wir vom „*Glauben, durch den geglaubt wird*" *(fides qua creditur);* dieser meint den Glaubensakt, die persönliche Gottesbeziehung

precationes*

I.

der nahe atem
deiner ferne
durchströmt erneut
mein mattes mühen

aufwind schenkst du
in der stille
ich lebe breit
und danke stumm

II.

in diesem moment
der atemlosigkeit
gehen deine tausend sonnen
hinter meinen lidern auf

meine seele
berührt wieder wolken
güldenes staunen
im augenaufschlag danach

*lat. Gebete

angelus custos*

seit ich bin
atmet er
so tief in mir
und sein lächeln
hebt die winkel
meines mundes

niemals
höre ich
sein stetes flüstern
und unsichtbar bleibt
der mich stärkt
unter dem wacholder
im weltenlärm

erst beim betreten
des drübens
erkenne ich wohl
die hände
meines seelenvogels
der strahlend mich
nach hause führt

*lat. Schutzengel

in_between

ich bin da
mit dir
im alltagsgrau
im träumegrün
und in den tönungen
dazwischen

ich bin da
mit dir
im aktionsgetriebe
im entspannungsmodus
und in den lagen
dazwischen

ich bin da
mit dir
im tränenmeer
im freudenrausch
und in den facetten
dazwischen

ich bin da
mit dir
im angstbad
im hoffnungsschimmer
und in den zuständen
dazwischen

ich bin da
mit dir
im schuldverstrickten
im gutwerk
und in den nuancen
dazwischen

ich bin da
mit dir
im glaubensstillstand
im beziehungswunder
und in allen formen
dazwischen

ich bin da
mit dir
und mit dir
flüstert uns
der höchste zu

morgentau

der föhnsturm seiner worte
löst das eis
von unseren häuptern

und in seiner nähe
schmilzt der schnee
von gestern

das morgen taut:
endlich licht am horizont
und eine schimmernde zukunft dahinter

übersetzer

nazarener
gekommen du
um zu *übersetzen*

vom hohen ins niedrige
vom ewigen ins zeitgefüge

das unbegreifbare ins fühlen
die frohe botschaft in den alltag

von der angst ins vertrauen
und vom tod ins leben

zimmermann

wir zimmern
seine krippe
aus den spitzen splittern
der anderen
vorgeworfenen niedertracht

und sein kreuz
errichten wir
aus den massiven balken
unserer eigenen
verdeckten bosheit

er nimmt sie an
wandelt sie
im stall
auf galiläas wegen
vor jerusalem auf golgotha
und baut daraus
sein reich
jenseits von seelenknirschen
und herzerkältung

holy days

am 5. und 6. september 2015
fielen gänzlich unerwartet
weihnachten und ostern zusammen:

an diesen tagen
wurden menschen
im lächelnden applaus
der widerständigen geboren
und die würde der unbehausten
überstrahlte die zündelnde angst

herzen begannen
mit der hoffnung zu pochen
wiederbelebt im rhythmus des farsi
aus lautsprechern am wiener westbahnhof
und dem warmen welcome
in münchner shuttlebussen

manchmal heben sich steine
und seelenvögel
verweilen nicht nur
in ställen und gräbern

open hearts
open minds
open borders

life stirs up

eindeutig*
(Mt 25,35 ernstgenommen)

der einst die menschlichkeit
auf die spitze getrieben
und das göttliche
heruntergebrochen

wird uns beizeiten
daran erinnern
ob wir die aufgenommen
die fremd und ohne obdach

und kein aber wird bestehen
und unsere mauern werden fallen
und unsere tränen werden
die boote gekenterter träume tragen

wenn dereinst die menschlichkeit
auf die spitze getrieben wird
und wir denen in die augen schauen
die wir so überängstlich ignorieren

*Mögliche Einsichten eines Mannes,
der als Kind nach Ägypten fliehen musste

strahlende rendite

durch die sternsinger
entzünden die schein'werfer
wachsende hoffnungslichter
in der schattenwelt

christliches abendland*

die um leib und leben fürchten
nützen die nacht
flüchten mit angst im gepäck
nehmen gefahren in kauf
um vor stacheldraht zu landen
und vor zementierten herzbarrieren

aber ein mögliches morgen
treibt sie an europas herz
das seine grenzen schützt
doch menschen nicht

kein asyl
findet hier der erlöser
sucht woanders
steine für sein haupt

*Gedanken zur Flucht Jesu nach Ägypten (Mt 2,13–23)

sternsinger 2015

ihr männer aus dem morgenland
seid weise
und sagt nicht woher ihr kommt:
die türen bleiben sonst verschlossen
und ihr werdet des landes verwiesen

ihr männer aus dem morgenland
seid weise
und zeigt euren reichtum:
dann werden türen weit geöffnet
und rote teppiche ausgerollt

ihr männer aus dem morgenland
seid weise
und zieht an unseren häusern vorbei:
wir sind zu verhärtet
und auf uns selbst konzentriert

ihr männer aus dem morgenland
seid doch so gütig
und segnet unser abendland:
wir brauchen so dringend
den geist von dem
der als obdachloser geboren
und für die nächstenliebe starb

im tagestrubel

im tagestrubel
folgen meine gedanken
einem verborgenen stern

und finden wieder
einen ankerplatz
im weltenlärm

matutin*

hinter allen horizonten
ist ein geheimes licht geboren
das graue kälte zart durchdringt
und fahles wundersam erhellt

jene die beharrlich schauen
tauchen ein in seinen glanz

*Die Matutin (lat. von *matutinus: morgendlich*) bzw. Vigil (lat. vigilare: wachen) ist das Nachtgebet im Stundengebet. Gebetet wird die Matutin zwischen Mitternacht und dem frühen Morgen. Ihren Ursprung hat es in den Nachtwachen der frühen Christen, die sich versammelten, um sich auf Feste wie Ostern und Weihnachten durch Gebet und das Hören des Wortes Gottes vorzubereiten. Sie wachten in der Nacht, um Jesus Christus zu erwarten als das Licht, das neue Leben und die Morgenröte.

wahrhaft weise

nutzlose verschwendung des herzens:
ergriffen vom törichten stern
ziehen die weisen wider die vernunft
durch wüsten und gleichgültigkeit
zum ohnmächtigen herrscher
am rande der welt
und schenken freudig
ihre wiedergefundenen herzen
der quelle des atems

königsweg

klein und verletzlich
in schwere nacht gehüllt
kommt die sehnsucht
uns entgegen

gewahr nur wird sie
im gleißenden schweigen
wahrgenommener läsionen

geheimnisvoll

bedeutsam
wird der staub

ob der geburt
im stroh

zu gold
in seinen händen

veredelt
durch sein blut
am holz

alle jahre wieder

wird zur weihnacht
mit dem göttlichen kind
die idee
eines friedlichen miteinanders
aufs neue geboren

spätestens
nach dem dreikönigstag
entschwinden beide
wieder unserem alltag

hoffnungsschimmer

in dunklen zeiten
morsen streiflichter
des ewigen
hoffnungsschimmer
vom himmel
in ermattete herzen

drei weisheiten

den sternstunden des lebens
und den augenblicken des glücks
geht ein sehnen voraus
wohnt ein staunen inne
und folgt ein singen danach

seltsame weise

nicht
die blitzgescheiten
und neunmalklugen

und auch nicht
die überfrommen
und iststandsbewahrer
erreichen das ziel

aber die nichts zu verlieren
oder alles zu gewinnen haben
kommen zum stall:

hirten und weise
finden das kind

überfromm
(eine Meditation zu Mt 2,4–9)

die gelehrten und priester
wissen bescheid:
sie haben die schrift
und kennen die kostbaren worte

rechtschaffen sind sie wohl
aber gänzlich erstarrt:
das kribbeln der weisen
bleibt ihnen fremd

die heilige schrift
verkommt ihnen zum toten buch
und die frömmigkeit
verhärtet in rechtgläubigkeit

verwalten auch wir
nur noch die erkaltete glut
und verschließen uns
dem göttlichen funken

der doch in den himmel geworfen
um uns den weg zu weisen
zum leben
zum stall?

neugejahrt

uns gestandarteten
und gemittelmaßten
die als verschlimmbesserte
sich selbstbegnügen

bleibt die unvergehörte
zuangesagte unverhoffnung
auf den mutausbruch
im verkommenden ja

erst klassik
(Gedanken eines Österreichers
beim Neujahrskonzert)

erstklassig

der klang
der wiener philharmoniker

die eleganz
der weißen pferde

der dreivierteltakt
der opernballdebütanten

die schnelligkeit
der rotweißroten abfahrer

der geschmack
der rosa schnitten

und die gedächtnislücke
von 38 bis 45

neujahrswünsche

ich wünsche dir
nicht erfolg
in diesem neuen jahr
denn dieser wiegt zu wenig
in einem menschenleben

ich wünsche dir
nicht glück
in diesem neuen jahr
denn dieses ist zu launisch
in einem menschenleben

ich wünsche dir
nicht gesundheit
in diesem neuen jahr
denn diese kommt und geht
in einem menschenleben

vielmehr
wünsche ich dir
gottes segen
in diesem neuen jahr
der dich auch im scheitern stützt
der dich sogar im unglück trägt
der dich selbst im kranksein stärkt
und dich begleitet
tag für tag
in deinem menschenleben

aufgehoben
(Silvestergedanken)

entschwunden nicht
aufgehoben jedoch
die tage des vergangenen jahres

entzogen
dem vergessen
und der verantwortungslosigkeit

eingeordnet
selbst meine unzulänglichkeiten
ins system der unendlichkeit

zwischen den jahren

zwischen den jahren
umarme ich
noch einmal
die schattigen stunden

küsse
mit geschlossenen augen
die satten momente

und stelle
eine kerze ins fenster
damit die vollen augenblicke
ihren weg finden
im kommenden jahr

nachhaltige weihnachtswünsche

soviel licht sei uns
in diesen tagen gegeben
dass genug bleibt
für die dunklen momente
im kommenden jahr

soviel freude sei uns
in diesen tagen beschert
dass genug bleibt
für die stunden der tränen
im kommenden jahr

soviel staunen sei uns
in diesen tagen geschenkt
dass genug bleibt
für den alltag voller routinen
im kommenden jahr

soviel liebe sei uns
in diesen tagen zugeeignet
dass genug bleibt
für jene die sie brauchen
im kommenden jahr

Zwischen den Jahren ...

umbruch

der neue wein
passt nicht
in alte schläuche

und der neue mensch
nicht in alte schubladen

der nazarener
taugt nicht
fürs bewahren:

ein umdenken fordert er
ein umstellen auch
ein umbrechen ohnedies
ein umbauen sowieso
ein umstürzen mitunter

kein wunder
dass ihn
durch die krippe hindurch
das kreuz schon drückte

weihnachtspredigt

eine einzige weihnachtspredigt
wird wohl 2015 überdauern:
nichts banales
sonst salbungsvoll herausgeschmettert

wir schaffen das
stellte die pastorentochter klar
*und nicht entschuldigen müssen wir uns
für ein freundliches gesicht*

es ist lange her
dass die weihnachtsbotschaft
von der menschwerdung
so heftig die gemüter erregte

Erstmals wurden der Satz „Wir schaffen das" von Angela Merkel am 31.08.2015 bei ihrer alljährlichen Sommerkonferenz und die zweite Aussage am 15.09.2015 während einer gemeinsamen Pressekonferenz mit dem österreichischen Bundeskanzler Faymann getätigt. Papst Franziskus hat übrigens im Februar 2015 über die Predigtkultur seiner Kirche geklagt, es sei traurig, dass Priester und Gläubige dabei „oft leiden müssen – die einen beim Zuhören, die anderen beim Predigen".

2014
sterben mehr kinder
als österreich einwohner hat
mehr als 30 000 kinder pro tag:
die hälfte davon
verrecken an behandelbaren krankheiten
das sind ungefähr 625 menschen pro stunde

2014
verenden mehr als 9500 kleine söhne
und töchter jeden tag
aufgrund von mangelernährung und hunger
das sind fast 400 menschen pro stunde

gott sein dank
gibt es das gut aiderbichl
und seine filialen:
an die 5600 tiere
finden hier
ihre zuflucht
im jahr 2014

richtig warm
wird's mir ums herz
wenn hier
das fest der menschwerdung
so stimmungsvoll gefeiert wird
und promis sich einsetzen
für das arme getier

bestandsaufnahme
(im Dezember 2014)

2014
wüten weltweit
37 kriege
und bewaffnete konflikte:
hunderttausende opfer
gedemütigt
ausgebombt
gefoltert
vergewaltigt
und ermordet

2014
sind an die 45 millionen menschen
auf der flucht:
ohne heimat
ohne zukunft
mit tränen und traumata
im gepäck

2014
ertrinken über 3400 menschen
im mittelmeer
beim versuch nach europa
zu gelangen

trübsal blasen?

die im drüben fischen
ziehen wo möglich
jenen ins heute
der hier und jetzt
einen unendlichen hunger
zu stillen vermag

**archaische
nebenfront**

martinigänse
mettensäue
weihnachtskarpfen
christbäume
osterlämmer
pfingstochsen

wem geht's
als nächstes
an den kragen?

Vgl. Ps 51,16f; Mk 12,33

weihnachtsfreude

zur ehre jesu
einen truthahn
oder einen karpfen

zu seinem gedenken
eine tanne
und geschenke

zu seinem lob
mettengang
und weihnachtslieder

dankbar lächelt jesus
auf golgotha
am kreuz

in guter gesellschaft
(an der Krippe)

kamele
ochsen
schafe
esel
und hoffentlich
ich blöder hund

christinstinkt
(eine Weihnachtserkenntnis)

wenn dir der alltag stinkt
wenn es dir beschissen geht
wenn du dir vor angst in die hose machst

folge deinem riecher
verdufte nicht vor dem der in windeln liegt
richtig gewickelt bist du dann wieder

(weihnachts)friede

gerade weil in dieser zeit
so viele den frieden suchen
müssen wir uns ernsthaft
die frage stellen
wo und warum
sich dieser
versteckt

**beim allerersten
weihnachtsfest**

*

gab es

keinen schnee

keinen tannen- und bratenduft

keine mette und keine geschenke

keine zimtsterne und keinen glühwein

kein turmblasen und kein weihnachtsgeläut

keine flackernden kerzen und keine schillernden kugeln

fraglich bleibt
ob die
heilige familie
es wirklich
vermochte
diesen festtag
gebührend
zu begehen

menschwerdung
[Version 2]

menschwerdung
men**sch wer**dung
mensch**wer**dung
mensch**werd**ung
mensch**werd**ung
menschw**er**dung
menschwer**du**ng
menschwer**dung**

**weihnachtliche
(aggregats)zustände**

flüchtig
bleibt weihnachten
als familien-
friedens-
liebes-
oder traditionsevent

fest
wird es erst
in der dauergewendeten
annahme
sich erfüllender
menschwerdung

weihnachtspost

neben all
den vielen
netten
originellen
und geistreichen
grüßen
erreichten mich
fünf kleine worte
unscheinbar
unspektakulär

gut
dass
es
dich
gibt

mehr geht nicht
mehr braucht es nicht
unendlich beschenkt

weihnachtsverpackungen

tränen verpackt
in goldglanzpapier

einsamkeit umhüllt
mit marzipan

ohnmacht getunkt
in schokoladenglasur

schmerzen übergossen
mit farbigem zucker

mutlosigkeit gewickelt
in cellophan

und den dornengekrönten
gezwängt
unter eine
blonde lockenperücke

strohsternwunder

überraschenderweise
entfaltet sich
das stroh unserer tage
zu sternen
am baum
SEINER aufmerksamkeit

bescherung

endlich
auspacken
was so
routiniert
mühsam
traditionell
prächtig
oder kunstvoll
eingehüllt

endlich
sich dem inhalt
nähern
knoten kappen
verklebungen lösen

endlich
genießen
die intimität
des augenblicks
zwischen
der gabe
und dem beschenkten

endlich
weihnachten
aus der verpackung
holen
und sich freuen
dass gott
sich schenkt

weihnachtsentfall 2014

das fest der menschwerdung
muss heuer entfallen
da doch das mittelmeer
zum seegrab geworden ist
für tausende hoffnungsflüchtlinge
und für europas alte seele

das fest der menschwerdung
muss heuer entfallen
da selbst gotteshäuser wieder brennen
in unsren deutschen landen
und mit diesen des grundgesetzes weiser geist

das fest der menschwerdung
muss heuer entfallen
da menschen immer noch hungern und frieren
in unseren wohlhabenden städten
und so der menschenrechte herzschlag
beständig schwächer wird

oder
darf gerade heuer
weihnachten nicht entfallen
sodass wir vielleicht
doch noch zu menschen werden
durch seine geburt?

plötzlich legten soldaten
an diesem kalten donnerstag
ihre waffen nieder
mitten im krieg
verweigerten den gehorsam
und folgten ihren herzen

todfeinde
reichten sich hände
zeigten sich fotos
teilten würste und corned beef
christmas pudding und zigaretten
spielten fußball
feierten eine messe
in der nähe von fromelles

in dieser nacht
fiel kein schuss
und erst in der dämmerung
als der himmel
rosa wurde
glaubten sie wieder denen
die über leichen gehen
und nicht mehr jenem
der über wasser schreitet

weihnachtsfriede 1914

an der westfront
zwischen mesen
und nieuwkapelle
bei ypern in flandern
zwischen minenfeldern
und stacheldrahtwirren
im eisigen schlamm
der die füße zerfrisst
im niemandsland
im todesstreifen
flackerten zaghaft
am heiligen abend 1914
entlang der feindlichen linien
zarte lichter
auf kleine tannen gesteckt
und über den gräben
eingehüllt im geruch
von blut und verwesung
verbanden sich
stille nacht mit holy night
und dem *le hameau dort sans bruit*

mensch werden

schwer zu fassen
dass gott
mensch wird

und dass wir
zu menschen werden
noch viel mehr

engelsbotschaft

kein zustand
letzten endes
ist der friede
von dem sie sprachen
von dem wir träumen

vielmehr auftrag
immer wieder
genährt vom feuer
das er brachte

übersehkrippe

wie jedes jahr
bestaunen wir wieder
das liebliche kind in der krippe
das heilige paar
hirten und könige
ochs und esel
sowie allerhand anderes getier

doch
eine unübersehbar große menge
an unerkannter figuren
die das kind um sich scharrt
bleibt auch heuer wieder unsichtbar

eigenartig ist es schon
dass es überhaupt
flüchtlinge und notleidende
in diesem stimmungsvollen ambiente gibt
und warum lächelt das göttliche kind
gerade diesen zu
und schaut uns fragend an?

unaufhörlich

kein ende findet
die geschichte
jener nacht

wir hirten
kauern uns
immer noch
ans feuer

schauen
mit den weisen
in die sterne

und staunen
über das lächeln
eines frisch
gewickelten
gottes

buntes treiben

bunt war es damals
an seiner krippe:
rand- und lichtgestalten
einheimische und fremde
bodenständige und himmelsstürmer
arme und reiche
fromme und zweifler
hell- und dunkelhäutige
versammelten sich
und staunten gemeinsam
über den neuen menschen
berufen zur auferstehung
aus dem unbändigen grau

mit hirten und engeln

aus dem urschoß
vor dem morgenstern noch
kommt das neue
auf die welt

und wir laufen mit den hirten los
da das bisherige
uns plötzlich fremd geworden
und preisen mit der engelschar
die angebrochene heiterkeit
offener morgen

offene morgen
(ein österliches
weihnachtsgedicht)

seit dieser nacht
gibt es zwei morgen
und veränderung
ist unser
verpflichtendes recht

wohnstatt

der in einem stall geboren
sucht wohnung in uns:

statt den viel zu engen dachstübchen
die weiten herzkammern
unserer wahrnehmungen

die dunkelkammern
unserer schwächen

und die rumpelkammern
unserer verlorenen träume

lichtwort

begreifbar
wurde das lichtwort
einst im stall
auf galiläas straßen
selbst am kreuz

eingeworfen
in das dunkel der welt
eröffnet es
neues sehen
tieferes empfinden
weiteres denken

als machtwort aber
verstummt es
in ehernen gesetzen
und auf goldenen zungen

verstehbar
wird es erst wieder
als bindewort
das gräben überbrückt

als reizwort
das all zu frommes
und banales übertönt

als stichwort
das anstachelt
endlich ernst zu machen
mit der frohen botschaft
uns gegeben
als lichtwort
vor aller zeit

bildungsauftrag

das wort wird fleisch
um für uns heilslegastheniker
die grammatik der menschlichkeit
immer wieder durchzubuchstabieren

doch abbildungsresistent bleiben wir
bis zum bitteren schluss

**erfüllte
verheißung**

JAHWES
JAHWES

WORT
WORT

WIRD

FLEISCH
FLEISCH

WERDEN
WERDEN

wort gottes
(zu Joh 1,14)

keine aneinanderreihung
von buchstaben
oder lauten

viel mehr
ein mensch
geboren im stall

an dem ablesbar
wie gott ist
was halt gibt
wo sinn erfahrbar und
was erfüllung bringt

weihnachtswunde(r)

alle jahre wieder
legt gott
ohne narkose
seinen finger
in die wunde
des lebens

betäubt nicht
den uralten
schmerz

hält wach
die sehnsucht
nach der
verlorenen
heimat

alle jahre wieder
entreißt er uns
dem dämmrigen
schlaf
und lässt uns
endlich
wieder bluten

nachtgeburten

im dunkel nur geschieht
was der tag nicht vermag:

da berühren sich himmel und erde
verschmelzen oben und unten
kommen träume zur welt

und es war nacht

als den erleuchteten
die erkenntnis traf

israel den ersten schritt
in die freiheit setzte

der prophet
das zu lesende erfuhr

und das göttliche im stall
zu atmen begann

beziehungsweise

auserwählt hast du
uns zerbrechliche menschen
um dich
einzuICHten
in diese welt

nicht mehr
überschattet die kraft
des höchsten
eine lade nur*

sondern mirjam
das jüdische mädchen
ein mensch
als gottesträgerin
würdevoll

eingeDUt
ins große geheimnis

---

* vgl. Ex 40,34f

unfassbar
(ein Weihnachtswunder)

die große gegenwart
nimmt gestalt an
bekommt hand und fuß

ein lächeln auch
und eine
unverwechselbare stimme

für uns
unfassbar
kleine existenzen

weihnachtshoffnung

der leichte glanz
unbeschwerten lachens
legt sich tief
mit dieser nacht
in jede seele
und harrt geduldig
jahr für jahr
auf sein gehoben werden
jenseits der stimmen

weihnachts(auf)gabe

der himmel
ist wieder
durchlässig geworden

und seit dieser geburt
vermögen wir
mit den engeln
die seiten zu wechseln

gottbegabt

gott weitete
den horizont
der einen
und gab ihnen
gott als gabe

den anderen
ließ er
fakten und spott

gemeinsam aber
schenkte er uns
heiligen zweifel

weihnachtsindikation

der himmel
ist undicht geworden
und als verrückte
lachen wir mit ihm
über die zwänge
der normalen

unbegreiflich

gott

mensch geworden nicht
weil wir an dich glauben
sondern weil du
an uns glaubst

weil du
nicht bei trost bist
finden wir trost

und weil du
haltlos geworden
finden wir halt

bethlehem:lektion

das geheimnis
tiefen lebens offenbart
der große-kleine-gott
in einem unscheinbaren kind
in einer unscheinbaren gegend
in einem unscheinbaren stall
vor lauter unscheinbaren menschen

scheinbar zu oft
übersehen wir dennoch
das unscheinbare
verpassen so wieder
momente des glücks

vorbild

geboren nicht
ein übermensch
und nicht gesandt
ein herrscher

viel mehr

geschenkt uns
ein kind
ein stallbursch
der zum bruder
uns geworden

und friede den menschen

seit dieser nacht
glänzt der gepflückte stern
auf unseren stirnen
und der verheißene tau
haftet auf unseren mänteln

beharrlich
strahlt seine zärtlichkeit
als zerbrechliches versprechen
wider das kalkül
geballter fäuste

o du fröhliche

wenn die zeit
gekommen ist

werden
deine tränen
zu morgentau

wenn die zeit
gekommen ist

wird deine schwere
zum ankerplatz
für träume

wenn die zeit
gekommen ist

wird dein schwarz
zum dresscode
der lachenden

angebrochen
ist sie schon
die neue zeit
und gut liegt sie
in den
durchbohrten
händen
des kindes
in der krippe

**den trauernden
zur weihnachtszeit**

die unglaubliche botschaft
dieser heiligen nacht
spiegelt sich kaum fassbar
im matten glanz
ungezählter tränen

ganz hinten flackert
das finsterlicht
und unter dem flügeldach
atmet leise die hoffnung

weihnachtsmelodie

eingebettet in flirrende nacht
bleibt sein neugeborenes herz
den schlaflosen
hellhörig zugewandt

erst dann
trägt der enthobene jubel
erstrahlter seelenvögel
den menschensohn himmelwärts

beharrlich widerhallt
in diesem wechselspiel
der unerhörte zauberklang
jener heiligen nacht

ganz unten
wird deutlich nur
was ganz oben
schon immer gesummt

gottgefällig

ohnmächtig und klein
bricht der heruntergekommene gott
die herrschaft der mächtigen

hinfällig werden durch seine abfällige geburt
die furchterregenden und harmlosen bilder
eines gefälligen gottes

auffällig anders ist er
und sein bild
vom hinfälligen menschen

unveränderlich?
(eine Nachtlagervariante
– Pfarrer Wolfgang Pucher* zugedacht)

die welt wird nicht anders
die menschen werden nicht besser
und die zustände nicht gerechter

weil dieser alte priester
dem mann ohne beine und dach
für diese eiskalte nacht
ein bett im warmen ermöglicht

ja
die welt wird nicht anders
die menschen werden nicht besser
und die zustände gerechter dadurch

aber der eine
ohne beine und dach
hat ein bett im warmen
und in dieser eiskalten nacht
fällt der ihm zugedachte schnee
auf die straße

*Katholischer Geistlicher in Graz, der 1993 das
sogenannte VinziDorf, ein Dorf aus Baucontainern
für obdachlose Menschen, gründete und viele weitere
soziale Projekte betreibt.

gute gesellschaft

das stroh im stall
fasst nicht
die blutflut
der gefolgschaft
des göttlichen kindes
und die partitur
geschriener tränen
durchwirkt
die stille der nacht

ganz vorne
an der krippe
steht der
den sie mit steinen
erschlugen
und weiter hinten
neben der
vergasten philosophin
reckt sich der geköpfte
ostmärkische bauer
der mit den anderen
und dem durchlöcherten
bischof von el salvador
die engel überstrahlt
und frieden verkündet
unserer todkranken welt

paradigmenwechsel

ganz leise hebt
das eine
starke wort
die uralten gesetze
aus den angeln
und ein stern markiert
das neue zentrum:

der rand
wird zur mitte
für tausende jahre

erfüllte zeit

am scheitelpunkt
des sehnens erst
wird begegnung wahr

dann tauen wieder
vereiste herzen
und gerechtigkeit
fängt an zu sprießen

zur erinnerung

nicht zwangsverordnet
oder untergeschoben

geschenkt
wurde er uns
in jenen tagen

als freie gabe nur
ist er zu erhalten
auch in unserer zeit

nicht zwangsverordnet
oder untergeschoben

am rechten weg

nicht vor
und nicht zurück
können wir gehen

im jetzt nur finden wir
nahe am ursprung
das friedenskind

der gott der wende
wartet geduldig
auf jeden von uns

damals wie heute

damals wie heute
verursacht
das bloß faktische
verkümmerte seelen

damals wie heute
produziert
das bloß rationale
unzählige opfer

damals wie heute
teilt
das bloße kalkül
in oben und unten

damals wie heute
verhindert
das bloß realistische
ein besseres morgen

damals wie heute
ermöglicht
das visionäre bloß
die rettung der welt

himmelsbrille

dieser getrübte weltblick
der durch fakten entstellt
zu boden gedrückt
findet seine klare weite nur
in den alten neuen linsen:

plötzlich ist licht
wo sonst nur das dunkel
und engel sind dort
wo leere sonst herrscht

christhürde

taub sind wir
für die lautlosen donner
versponnen im selbst
verwoben im lärm

verschlossen so
für das ewige wort
dem lautlosen donner
im zenit unseres hoffens

unerhört

das unerhörte
bleibt unerhört

sodass leider
noch immer
sinnlichkeit
den sinn
ersetzt

die ästhetik
die ethik

und fromme geschichten
die frohe botschaft
von der geburt
des retters im stall

erleuchtung?

seit dieser nacht
müssten wir
hellwach sein

da sternenklar
ausgezeichnet ist
die mitte des heils

doch wir
wollen es nicht fassen
wiegen uns immer noch
im trügerischen schlaf

verschlossen

um uns herum
ächzt die natur
und wir hören sie nicht

in uns
seufzt die leere
und wir spüren sie nicht

zwischen uns
klirrt die kälte
und wir fühlen sie nicht

unerhört
bleibt die zusage
dass christus
der retter
ist da

Weihnachten

o heiland
reiß doch
den himmel
wieder auf
wir können's nicht
und mit diesem
unsere hirne
herzen und hände
damit die himmel
tauen in uns

o heiland
reiß doch
die himmel
wieder auf

o heiland

reiß doch
den himmel
wieder auf
ein stück morgenrot
im wirren dunkel
und weite endlich
unsren horizont
der so begrenzt

o heiland
reiß doch
den himmel
wieder auf
ein sanfter atemzug
im unsäglichen leid
und zeig uns endlich
dein gesicht
das uns so fremd geworden

o heiland
reiß doch
den himmel
wieder auf
ein reservierter platz
im vertrauten warmen
und wiege endlich
unsere seelen
die so wund

macht hoch

zwischen
dir und mir
hier und dort
heute und morgen

schwingen unbeirrt
türen
die tief in uns
verankert sind

denn etwas
steht noch aus
kommt noch auf uns zu
geht uns noch auf

flüstert jener
der immer wieder
anklopft
um grenzen zu sprengen

die zukunft ist offen
entschließt euch jetzt
macht hoch die tür
die tor macht weit

verheißung

wenn das endlich
endlich kommt
wird vielleicht
doch nicht mehr
alles vielleichter

adventtraum

dass jeder mensch
unbedingt wertvoll ist

schutz und halt findet
im großen taumel

und dass sie einander
nicht zu wölfen werden

wär' ein schöner traum

ganz still und klein
müsste er beginnen
und langsam wachsen
damit er nicht
beim ersten anecken
platzt

adventbotschaft

was jetzt
wert und bestand hat
unverrückbar und fest
wird wie schon so oft
erschüttert
zurechtgerüttelt
und vergehen

wach werden
sollten wir
in diesen tagen
der dämmerung
uns entreißen
und folgen
dem licht

Meditation zum Evangelium (Lk 21,5–36)
am 1. Adventssonntag

jene die lautstark
in diesen tagen
unsere christlichen werte
bemühen

haben anscheinend vergessen
dass das schwache und gewaltlose
im zentrum seiner botschaft stehen
als auch der einsatz
für eine gerechtere welt

jenen die lautstark
in diesen tagen
das christentum
auf ihren zungen haben
erzählen wir besser nichts
vom verhängnisvollen
geschenk der danaer

*Quidquid id est, timeo Danaos et dona ferentes.
(Was immer es ist, ich fürchte die Danaer, auch wenn
sie Geschenke tragen;* Vergil, Aeneis/Buch II, V49).
Das Danaergeschenk, also eine Gabe, die sich für
den Empfänger als unheilvoll und schadenstiftend
erweist, stammt aus der griechischen Mythologie.
Benannt ist es in Anlehnung an das Trojanische Pferd,
mit dessen Hilfe die Danaer, also die Hellenen/Griechen,
Troja eroberten.

quidquid id est*

jene die lautstark
in diesen tagen
unsere christlichen traditionen
beschwören

übersehen wohl
dass martin
mit solchen teilte
denen sie jetzt
das betteln verbieten
und dass der selbstlose mann
vom 6. dezember
dessen herz
für die notleidenden schlug
einst ein ‚türke' war
und dass der
dessen geburt vermarktet wird
als randständiger geboren
und kurz darauf
zur flucht gezwungen wurde

jene die lautstark
in diesen tagen
unsere christlichen symbole
verteidigen

wissen vermutlich nicht
dass der jude aus nazareth
sich auf sein konsequentes nein
gegen unmenschlichkeit
und machtmissbrauch
festnageln ließ

gerechter spross*

im milieu
vergossener tränen
sprießt ein offenes herz
den leidenden zugewandt

im treibhaus
unterdrückter rechte
reift eine stimme
klar und deutlich
für die am rand

im trog
aussichtsloser morgen
wächst ein kind
das seine arme
gegen die mächtigen
dieser welt erhebt

uns allen
wird was blühen
wenn seine saat
endlich aufgeht
bei uns

* Vgl. Jes 33,15

magnificat

unaufhaltsam keimt
die uralte hoffnung
und das leben
reift zur fülle

der eherne pulsschlag
wechselt den rhythmus
beim ersten schrei
des neuen menschen:

endlich einer
bei dem die reichen
leer ausgehen
und die so guten
durch die finger schauen

endlich einer
der die niedrigen erhöht
und die hungrigen sättigt

endlich einer
der die mächtigen stürzt
und der gerechtigkeit
zum durchbruch verhilft

wann
werden wir neugeboren
beginnen wir endlich zu leben
und preisen unsere seelen
die größe des herrn?

bauchmenschen
(zu Mariä Heimsuchung)

was den kopf übersteigt
erfasst zur rechten zeit
der bauch

und das äußerste
wird stimmig
im innersten

pränatale diagnose
(gemäß Lk 1,46–55)

was soll denn schon
anderes rauskommen
bei so einer mutter
die damit sympathisiert
die reichen
leer ausgehen zu lassen
und die mächtigen
zu stürzen?

sehnsuchen

wer tief in sich
das pochen dessen spürt
wonach sein sehnen
träumend sucht

vermag zu warten
auf knospen im eis
auf rosen im schnee
auf das kind im schoss

wer tief in sich
das pochen dessen spürt
wonach sein sehnen
drängend sucht

vermag auch
wege zu ebnen
für den der kommen soll
um herzen zu öffnen

dornwald

unser sehnen sucht
den einen tiefen atemzug
im ewig kurzen verweilen

am ende des weges
durch den dornwald nur
der lange schon
kein laub getragen

und dann
erblickst du rosen
wo andere nichts sehen
trägst das heil in dir
und atmest tief

**advent:
biblisch betrachtet**

still war es nie
in diesen tagen:

mahnende stimmen
beschworen lautstark
jahrhundertelang
ein gerechteres morgen

jubelschreie
entfleuchten denen
die im dunkeln lebten
und plötzlich einen ausweg sahen

schwerter und lanzen
klirrten und übertönten dabei
das weinen und klagen
die langgezogenen seufzer auch

gebete
tönten zum himmel
damit dieser sich öffnet

gabriels ‚fürchte-dich-nicht'
zerriss eine nachdenklich stille

bevor der erste schrei
des neuen menschen
ein viel zu langes schweigen
unterbrach

bewegte zeit

die begegnung
mit dem göttlichen
beruhigt nicht
sondern bewegt:

maria eilt
zu elisabeth

die hirten sausen
zum stall

die weisen
brechen auf

josef flieht
mit den seinen

und kehrt
dann wieder zurück

und du:
lässt du
dich bewegen
und den einklang
hinter dir?

advent

ankommen
will er bei mir
und ich bei ihm

zeit wieder aufzustehen
und aufzubrechen
aus dem gewöhnlichen
und gewohnten

nicht an einem fernen ziel
lässt er sich finden
unterwegs nur
trifft man ihn

advent(ure)

abenteuer
der menschwerdung
gottes
und von uns

wachsam
müssen wir
dabei sein

mit offenen sinnen
risiko
bereit

sehnsucht
(ein Adventgebet)

schweigen
möchte ich

bis hinter
dem lauten spiel
der flocken
dein atem
mir klingt
und ruhe
mich umarmt
für den tanz
mit der welt

adventbekränzte

in diesen tagen
ist es etwas leichter
die begrenzten
von den bekränzten
zu unterscheiden

die unterbelichteten
von denen
die erleuchtet sind
vom göttlichen licht

während des jahres
gleichen wir uns an
wie ein ei dem anderen

zum glück
ist ostern bald
und uns allen
dämmert es wieder

bunte lichter

wenigstens
einmal im jahr
versuchen
vielgestaltige
bunte lichter
die tristesse
der balkone
und des alltags
wegzublinken

abzweigung
(zum 1. Einkaufssamstag)

gegeben uns
ein fluchtort
eine oase
im kaufrausch

die unmerklich fast
und unfassbar ruhig

den eiligen zum heiligen
macht
und aus dem
einsamen einen gemeinsamen
der statt
dem ende die wende
erhofft

adventvarianten

statt
adventure
adventione
damit ein
adventat
auf die gewohnheit
möglich wird

wo?

der
um den's geht
findet sich nicht
im überreichen angebot
eines christklindlmarktes

auch beim
festlichsten adventevent
trifft man ihn kaum

selten nur
begegnet er uns
in den herausgeputzten
kirchen

aber jeden tag
wartet er
mit den seinen
im hintersten winkel
auf der straße
in altersheimen
krankenhäusern
gefängnissen
sozialstationen
asylantenunterkünften
und vermehrt
auf bahnhöfen
in dieser zeit

weil sie
weniger gelten
weniger haben
weniger können
anders aussehen
anders sprechen
anders glauben

nicht nur
an jenem abend
sind diese bosheiten
zu entlarven
die faulen äpfel
auszuklauben
und die überreifen nüsse
endlich zu knacken

1989 wurde von der UNO-Generalversammlung die UN-Kinderrechtskonvention beschlossen. Sie legt wesentliche Standards zum Schutz der Kinder weltweit fest und stellt die Wichtigkeit von deren Wert und Wohlbefinden heraus. Die vier elementaren Grundsätze, auf denen die Konvention beruht, beinhalten das Überleben und die Entwicklung, die Nichtdiskriminierung, die Wahrung der Interessen der Kinder sowie deren Beteiligung. Österreich ratifizierte diese bereits 1990, die BRD 1992. Die Katholische Jungschar akzentuiert den Hl. Nikolaus als Anwalt dieser Kinderrechte.

nikolaus

einen sack
voller menschlichkeit
stellt uns jener
in die warmen stuben
der wie sein meister
auf der seite
der kleinen
entrechteten
und schwachen steht

zum teilen bereit
herz und ohren weit geöffnet
holt er kinder in die mitte
die zu schützen
einzubinden
und zu versorgen
uns anvertraut

eine rute
stellt er uns ins fenster
da wir immer noch
jene kinder verteufeln
die als ganz
besonders normal
angeprangert werden

winterblühen
(zum 4.12.)

leise beginnen wieder
die kahlen träume
in den wärmestuben
geretteter erinnerungen
zu blühen
und duften geheimnisvoll
gegen die herrschaft
übernommenen graus

ein licht noch

das hochgeschwindigkeitsleben
rast grell
an uns vorbei

der volle augenblick wartet
beim ursprung
des lichts

die kerze brennt

auch morgen
noch

advent erleben

eine andere melodie
in den ohren

ein anderes wort
auf den lippen

ein anderer fokus
im blick

ein anderes tempo
in den schritten

und plötzlich
durchbrichst du
den alltag
einfach so

und reihst dich ein
in die bunte schar derer
die am weg
nach bethlehem

adventzauber

mit den ersten flocken
schwebt die ahnung
einer größeren idee
in unsere hochgestellten krägen

und der erste kerzenschein
wirft herzen
an die kalten wände
unserer vereinsamten köpfe

adventwunsch

endlich wieder gepackt
vom prickeln der neugier
und öffnen die ohren
für die verborgenen klänge

endlich wieder durchwirkt
vom atem der spannung
und öffnen die nase
für die verborgenen düfte

endlich wieder eingeflochten
in das lachen der freude
und öffnen die augen
für den verborgenen glanz

endlich wieder verwoben
mit dem pulsschlag der ungeduld
und öffnen das herz
für die verborgene hoffnung

adventgefrorenes

unwirklich gebettet wieder
die unrast
in beruhigendem weiß

eine handvoll davon
rette ich mir
übers jahr

beigemengt
dem erfrischenden
an zu heißen tagen

adventessenzen

kostbare zeit

um die handverlesenen wörter
im schimmer einer kerze
zu entdecken

die verborgenen lieder
im duft gebratener äpfel

den gestundeten atem
hinter verschlossenen augen

und die zuversicht
im lächeln unbekannter engel

advent:geschenkte zeit

mit den flocken
entschwinden
die augenblicke
stunden verwehen
es bleibt nichts zurück
bis auf das heimliche nippen
am stundenglas
im warteraum
verborgenen lebens

Advent

Zwischen den Jahren ...

nachhaltige weihnachtswünsche — 118
zwischen den jahren — 119
aufgehoben — 120
neujahrswünsche — 121
erst klassik — 122
neugejahrt — 123
überfromm — 124
seltsame weise — 125
drei weisheiten — 126
hoffnungsschimmer — 127
alle jahre wieder — 128
geheimnisvoll — 129
königsweg — 130
wahrhaft weise — 131
matutin — 132
im tagestrubel — 133
sternsinger 2015 — 134
christliches abendland — 135
strahlende rendite — 136
eindeutig — 137
holy days — 138
zimmermann — 139
übersetzer — 140

offene morgen — 89
mit hirten und engeln — 90
buntes treiben — 91
unaufhörlich — 92
übersehkrippe — 93
engelsbotschaft — 94
mensch werden — 95
weihnachtsfriede 1914 — 96
weihnachtsentfall 2014   98
bescherung — 99
strohsternwunder — 100
weihnachtsverpackungen — 101
weihnachtspost — 102
weihnachtliche (aggregats)zustände — 103
menschwerdung — 104
beim allerersten weihnachtsfest — 105
(weihnachts)friede — 106
christinstinkt — 107
in guter gesellschaft — 108
weihnachtsfreude — 109
archaische nebenfront — 110
trübsal blasen? — 111
bestandsaufnahme — 112
weihnachtspredigt — 114
umbruch — 115

Weihnachten

verschlossen — 56
erleuchtung? — 57
unerhört — 58
christhürde — 59
himmelsbrille — 60
damals wie heute — 61
am rechten weg — 62
zur erinnerung — 63
erfüllte zeit — 64
paradigmenwechsel — 65
gute gesellschaft — 66
unveränderlich — 67
gottgefällig — 68
weihnachtsmelodie — 69
den trauernden — 70
o du fröhliche — 71
und friede den menschen — 72
vorbild — 73
bethlehem:lektion — 74
unbegreiflich — 75
weihnachtsindikation — 76
gottbegabt — 77
weihnachts(auf)gabe — 78
weihnachtshoffnung — 79
unfassbar — 80
beziehungsweise — 81
nachtgeburten — 82
weihnachtswunde(r) — 83
wort gottes — 84
erfüllte verheißung — 85
bildungsauftrag — 86
lichtwort — 87
wohnstatt — 88

Advent

advent:geschenkte zeit — 20
adventessenzen — 21
adventgefrorenes — 22
adventwunsch — 23
adventzauber — 24
advent erleben — 25
ein licht noch — 26
winterblühen — 27
nikolaus — 28
wo? — 30
adventvarianten — 31
abzweigung — 32
bunte lichter — 33
adventbekränzte — 34
sehnsucht — 35
advent(ure) — 36
advent — 37
bewegte zeit — 38
advent:biblisch betrachtet — 39
dornwald — 40
sehnsuchen — 41
pränatale diagnose — 42
bauchmenschen — 43
magnificat — 44
gerechter spross — 45
quidquid id est — 46
adventbotschaft — 48
adventtraum — 49
verheißung — 50
macht hoch — 51
o heiland — 52

Inhalt

Wie bereits die „sperrigen nächte" (2012)
ist auch dieser Band als Wendebuch gestaltet.
Dadurch wird der theologischen Prämisse entsprochen, dass Weihnachten und Ostern in
einem Wechselverhältnis stehen: ohne Krippe
kein Kreuz (und folglich keine Auferstehung)
und ohne Ostern kein Interesse an Weihnachten. Die vielen gesellschafts-kritischen Texte
in diesem Buch werden dem Umstand gerecht,
dass christlicher Glaube und Politik in einem
Wechsel- und Spannungsverhältnis stehen.
Nicht die Vergangenheit, sondern das Heute
ist der Ort, an dem sich die Lebensrelevanz
und die Brisanz des Christlichen erweist.

Ich wünsche Ihnen eine gute Lektüre und
bitte um Nachsicht, falls Texte nicht den von
mir apostrophierten Ansprüchen entsprechen.

Thomas Schlager-Weidinger

Thomas Schlager-Weidinger, Dr. theol.,
geboren 1966, Historiker und Erwachsenenbildner.
Er ist Autor mehrerer Bücher und arbeitet als
Hochschullehrer in Linz / Oberösterreich.

sperrige nächte
gedichte zu advent und weihnachten
gedichte zur fasten- und osterzeit
ISBN 978-3-429-03534-1

verrückter himmel
theopoetische texte über gott und die welt
ISBN 978-3-429-03633-1

verwand(el)te seelen
theopoetische annäherungen an 55 biblische gestalten
ISBN 978-3-429-03848-9

Auch Carsten Jensen legt dem Protagonisten seines Romans *Rasmussens letzte Reise* eine ähnliche Argumentation in den Mund; so resümiert der Kunstmaler Carl Rasmussen: „[…] und Pastoren erschienen ihm am vernünftigsten, wenn er mit ihnen unter vier Augen in ihren Studierstuben sprach. Auf der Kanzel veränderte sich ihr Tonfall, und er fand die Plumpheiten, die ihren Münden entwichen, wenn sie die Aufmerksamkeit ihrer Gemeinde zu fesseln versuchten, nicht immer segensreich." (79)

Die theologische Sprache – so auch Wilhelm Willms im eingangs zitierten Text zu den Fasten- und Ostergedichten in diesem Buch – versagt im Modus einer „theologischen Bronze oder in theologischem Marmor". Es braucht gerade in der Theopoesie eine Sprache der „armen Zärtlichkeit" und der „zärtliche(n) Sparsamkeit". Diese Achtsamkeit hat wohl auch Peter Handke zu dem ernstzunehmenden Rat an seinen befreundeten Verleger Lojze Wieser motiviert: „Aber mehr als drei Gedichte am Tag kann man nicht lesen, das geht nicht."

Lyrik verbindet Gefühl mit Verstand und Kalkulation mit Zufall. Indem sie versucht, aus persönlichen Liebes-, Leid-, (Un)Sinn- oder Naturerfahrungen heraus dauerhaft gültige Wahrheiten zu formulieren, trifft sie sich mit den verschiedenen Religionen, in deren heiligen Büchern und sonstigen Schriften sprachliche Juwelen zu finden sind. Theopoetische Texte beziehen sich aber nicht nur formal, sondern auch inhaltlich auf eine höchst qualitätsvolle Tradition, die den Kern des Existenziellen und Glaubwürdigen verkündigen und bezeugen will. Leider ist hierbei das gegenwärtige ästhetische, liturgische und theologische Bewusstsein auf einem erschreckend niedrigen Niveau.

Zurecht warnt daher Tomáš Halík in seinem Buch *Nachtgedanken eines Beichtvaters* vor einer religiösen Verdummung und vor einer Kränkung des Evangeliums aufgrund allzu platter Vereinfachungen: „Sobald sich ein Mensch an Simplifizierungen, Trivialisierungen, ans Banalisieren und an das Gefühl gewöhnt, dass er das alles ‚schon intus hat', ist dies eine ‚Todeskrankheit': Am ehesten endet sie damit, dass der Mensch entweder religiös verdummt oder dass er jegliche Religion früher oder später verachtungsvoll verwerfen wird. Die religiöse Verdummung hat wirklich rein gar nichts mit jener schlichten Haltung von Kindern und Kleinkindern zu tun, von der Jesus spricht; so ist es denn auch eine schreckliche Kränkung des Evangeliums, der Kinder und einfachen Menschen, falls die Begriffe verwechselt werden." (88)

Das Gedicht erfordert sowohl in seiner Entstehung als auch bei der Lektüre bestimmte Voraussetzungen, die wichtigste hierbei ist die Verdichtung eines Bildes auf den Raum einer Messerspitze. In einem sehr guten Gedicht ist die Sprache so komprimiert, dass man kein einziges Wort mehr hinzufügen und kein einziges Wort mehr wegnehmen kann, ohne das gesamte Sprachkunstwerk zu zerstören. Ein schlechtes Gedicht erkennt man daran, dass es eine allzu verbrauchte Sprache verwendet. Diese kann unsere Fantasie nicht stimulieren, weil sie weder lebendig ist, noch geheimnisvoll. Ein Gedicht, das keine Rätsel aufgibt, offenbart auch keine Geheimnisse. Ein gutes Gedicht kommt ohne große Worte aus, es braucht kein Pathos.

Lyrik ist keineswegs der literarische Weichzeichner oder das Abfallprodukt der ernstzunehmenden Literatur. Das Gedicht fordert Schreibende wie Lesende. In seiner schönsten und gelungensten Form, so der argentinische Dichter Roberto Juarroz, rettet es den Tag!

Maximal 3 mal täglich eine Messerspitze Lyrik gegen drohende Banalisierung

Muss man nicht zwangsweise an dem Versuch scheitern, heutzutage theopoetische Texte zu verfassen? So ist es bereits schwierig genug, formal ein annehmbares Gedicht zu schreiben, das diesen Titel wirklich verdient. Und überfordert man sich selbst und die Leser nicht damit, biblische Inhalte in eine neue Sprache zu fassen: Kann aus Perlen nicht doch nur Schweinefutter werden?

Der österreichische Dichter Julian Schutting bringt zu Recht die Beschränkung und Beschränktheit in der aktuellen Lyrik in einem Standard-Interview vom 15.12.2012 auf den Punkt: „Die Lyrik ist mittlerweile die Domäne der Dummen. In der Lyrik wird heute so beschränkt geschrieben wie auf keinem anderen Gebiet. Wann das begonnen hat, weiß ich nicht. Wahrscheinlich nach der Bachmann."

Die Ursache hierfür liegt m. E. darin, dass offenbar niemand mehr Lyrik lesen will, aber alle, die schreiben, meinen auch gute LyrikerInnen zu sein. Poesie hat aber dort, wo sie über eine reflektierte Form und Aussage verfügt, nichts mit einem Poesiealbum zu tun und schon gar nichts mit einer rührseligen Nabelschau.

Vorwort

Bibliografische Information der Deutschen Nationalbibliothek

Die Deutsche Nationalbibliothek verzeichnet diese Publikation
in der Deutschen Nationalbibliografie; detaillierte bibliografische
Daten sind im Internet über <http://dnb.d-nb.de> abrufbar.

© 2016 Echter Verlag GmbH
www.echter.de

Gestaltung: Peter Hellmund
Druck und Bindung: Pustet, Regensburg
ISBN 978-3-429-03983-7

thomas
schlager-
weidinger

offene morgen

theopoetische
texte zur
advents- und
weihnachtszeit

echter